불멸의 민족혼 되살려 낸 역사가
박은식

불멸의 민족혼 되살려 낸 역사가 박은식

| 김순석 지음 |

글을 시작하며

백암 박은식은 국운이 기울어 가던 조선말에 태어나 개항기와 일제시대를 살다간 선각자이다. 그는 외세의 침략으로 위기에 처한 현실을 보고 '어떻게 하면 국권을 회복할 수 있을까' 깊이 생각하였다. 그는 나이 마흔이 넘도록 주자학만을 공부하던 성리학자였다. 마흔이 넘은 나이에 박은식은 '강한 자만이 살아남는다'는 약육강식의 논리인 사회진화론을 받아들였다. 당시 많은 지식인은 이 이론을 금과옥조처럼 여기고 받아들였다.

사회진화론은 무한경쟁 이론이다. 무한경쟁은 물질만능주의를 초래하였다. 경쟁사회에서 강자가 되기 위해서 갖추어야 할 조건들이 너무 많다. 박은식이 살았던 시기는 대부분 농업에 종사하는 비교적 순수한 사람들이 살아가던 때였다. 이런 사람들에게 '너를 이기지 못하면 내가 죽는다'는 치열한 경쟁이론에 적응하라고 하는 것은 무리였다. 박은식은 과연 '살벌한 경쟁이 최고의 선일까'를 고민하였다. 그가 진정으로 추구하였던 사회는 경쟁보다는 더불어 사는 사회를 건설하는 것이었다. 박은식도 현실사회에서 경쟁이 없을 수 없다는 것을 인정하였다. 하지만 인류사회가 지향해야 할 것은 경쟁보다는 화합하고 더불어 살기를 실천해야 한다는 것이 그의 지론이었다. 평화를 지향하는 그의 지론과는 무관하게 현실에서 박은식은 지성인의 한 사람으로서 국권이 상실되는 과정을 지켜볼 수밖에 없었다.

박은식은 국권을 상실한 조국에서는 더 이상 독립운동을 할 수 없다는 것을 깨닫고 중국으로 망명을 결행하였다. 그리고 그곳에서 많은 저술들을 남겼다. 그는 주로 찬란하였던 고대 영웅들의 행적을 그려내는 데 몰두하였다. 그가 저술한 책들은 『천개소문전』・『명림답부전』・『발해태조건국지』・『몽배금태조』・『대동고대사론』・『단조사고』・『동명성왕실기』 등이다. 그는 이 책을 집필하면서 청소년들이 영웅의 모습을 배우고 잃어버린 나라를 찾아주기를 간절히 바랐다.

박은식은 국가를 국혼國魂과 국백國魄으로 구성된다고 이해하였다. 국혼은 국교・국학・국어・국문・국사와 같은 민족 문화와 정신을 뜻한다.

국백은 경제·군사·영토·과학기술처럼 물질적인 것이다. 그는 부강한 나라가 되려면 국혼과 국백이 다같이 풍부해야 한다고 생각하였다. 그는 설사 국백이 이민족에게 정복당한다 하더라도 국혼만 살아있다면 광복을 이룰 수 있다고 보았다.

박은식은 임시정부가 수립된 중국 상하이上海에서 오랜 시간을 머물렀다. 그리고 1914년 상하이에서 『한국통사』를 발간하였다. 『한국통사』는 '우리나라가 왜 망했는가, 어떻게 망했는가'를 그려낸 책이다. 반면에 『한국독립운동지혈사』는 빼앗긴 나라를 되찾기 위해 투쟁했던 역사를 담고 있다. 『한국독립운동지혈사』는 1919년 3·1운동의 산물로, 그는 이 책에 3·1운동 때 한민족이 맨손으로 얼마나 장엄하게 싸웠는지, 일제는 한민족의 무저항·평화시위를 얼마나 잔인하게 진압하였는지를 생생하게 기록하였다. 박은식은 비록 3·1운동으로 많은 희생을 치렀지만 그 희생을 바탕으로 독립을 얻을 수 있었던 성스러운 혁명이었다는 것을 알려 주었다.

『한국통사』와 『한국독립운동지혈사』는 나라를 빼앗긴 민족의 설움이 어떤것인가를 잘 알려준다. 『한국통사』는 나라를 잃은 아픔은 그 어떤 약으로도 치유될 수 없다는 것을 알려준다. 『한국독립운동지혈사』는 잃어버린 나라를 되찾기 위해 우리의 선열들은 어떤 댓가를 치렀는가를 잘 가르쳐준다.

  필자와 같이 학문도 깊지 못하고 재주도 없는 사람이 박은식 선생의 생애를 조명하는 글을 쓸 수 있었던 것은 분에 넘치는 영광이었다. 이 글을 쓰는 동안 박은식 선생을 만날 수 있어 행복하였다. 이제 그 행복한 순간의 끝자락에서 다시 박은식 선생을 생각하면서 글을 맺는다.

2012년 12월

안동 예안호에서

김 순 석

차례

글을 시작하며 _ 4

1 박은식이 태어날 무렵 세상은
소용돌이치는 세상에 기린아가 태어나다_ 12
늦게 시작한 글공부에서 신동의 자질을 보이다_ 17
임오군란을 목격하다_ 19

2 세상으로 나가다
벼슬길에 나가다_ 21
새로운 세계에 눈 뜨다_ 24

3 사회진화론을 넘어서
사회진화론을 비판하다_ 31
온고지신으로 이상사회 건설을 모색하다_ 33

4 오늘 우리가 해야 할 일은
교육만이 살 길이다_ 36
사범교육이 시급하다_ 41
여성과 아동교육도 중요하다_ 44

실업교육이 나라를 부강하게 만든다_ 46
대동사회를 꿈꾸다_ 50

5 만주에서 부활시킨 영웅들
국권상실 이후 만주로 망명하다_ 56
민족영웅들을 부활시키다_ 60

6 『안중근전』을 집필하다
하얼빈 의거를 알리다_ 74
「동양평화론」에서 세계평화주의를 제시하다_ 79

7 영웅을 기다리며_ 83

8 왜 『한국통사』를 써야만 했을까
『한국통사』로 식민사관에 맞서다_ 88
통렬한 자기반성의 역사를 쓰다_ 97
국혼을 잃지 않으면 나라를 되찾을 수 있다_ 105

9 『한국독립운동지혈사』에 담은 뜻은

민족혼을 불러일으킨 역사책 _ 109
3·1운동, 맨 손의 독립투쟁 _ 114
일본의 잔학성, 증언을 통해 고발하다 _ 123
일제의 만행을 세계에 알린 독립운동사 _ 130

10 『한국통사』와 『한국독립운동지혈사』가 왜 고전인가

민족의 시련을 담은 수난사 _ 135
수난 극복의 독립투쟁사 _ 138
체계적으로 서술된 최초의 근대 민족주의 역사책 _ 141

11 임시정부 대통령에 취임하다

대한민국임시정부에 참여하다 _ 145
임시대통령으로 통합운동을 주도하다 _ 151

12 별은 지고, 민족혼은 우리 가슴에 남아

이역만리에서 별은 지다 _ 154
계승해야 할 불멸의 민족혼 _ 158

박은식의 삶과 자취 _ 161
참고문헌 _ 169
찾아보기 _ 174

박은식

01 박은식이 태어날 무렵 세상은

소용돌이치는 세상에 기린아가 태어나다

박은식은 1859년 10월 25일 황해도 황주군 남면 한적한 바닷가 마을에서 아버지 박용호朴用浩와 어머니 노盧씨 사이에서 태어났다. 그가 태어나자 아버지는 걱정스러운 듯이 핏덩이를 내려다보며 중얼거렸다.

"이 아이는 별일이 없어야 할 텐데 …….."

어머니 노씨도 불안하기는 마찬가지였지만 왠지 이 아이에게서는 큰 기운이 느껴졌다. 그런 까닭에 다소 자신에 찬 목소리로 이렇게 말하였다.

"그러게 말이에요. 하지만 이 아이는 눈빛이 이렇게 맑고 고우니 장차 큰 인물이 될 거예요."

"그러면 오죽 좋겠소."

"두고 보세요."

동네 서당 훈장이었던 박용호는 은식 이전에 네 아이를 두었으나 불행하게도 자식들이 단명하여 일찍 요절하고 말았다. 그런 까닭에 막 태어난 막내아들의 출생이 기쁘면서도 한편으로 불안한 기색을 감추지 못하였다. 박용호는 막내아들이 훌륭하게 성장해 주기를 간절히 빌었다.

박은식은 자字를 성칠聖七이라 하고, 호를 백암白巖·白庵·白岩·白菴 또는 겸곡謙谷이라 하였다. 어렸을 때는 소종이라고 불리기도 하였다. 나라가 망한 이후에는 인식寅植·仁植·기정箕貞·승언承彦 등의 이름을 쓰기도 하였으며, 태백광노太白狂奴·무치생無恥生·백치白癡·白痴·계림냉혈생鷄林冷血生 등 자학적인 호와 창해로방실滄海老紡室이란 별호도 사용하였다. 태백광노는 '대한의 미친 노예'라는 뜻이며, 무치생은 '부끄러움을 모르고 살아가는 사람'이라는 뜻이다. 국권을 상실한 뒤에도 살아있는 것이 욕되다는 뜻으로 이러한 호를 사용하였다. 그는 지식인의 한 사람으로서 조국이 망해가는 과정을 지켜보며 느낀 처절함을 자신의 호에 담았다.

박은식이 태어날 무렵인 19세기 후반 세상은 크게 요동치고 있었다. 한 나라의 역사는 그 나라의 일들로만 구성되지 않는다. 세상의 모든 뉴스가 인터넷을 통해 실시간 전달되는 21세기는 말할 것도 없지만 100년 전의 역사, 또 그 이전도 마찬가지였다. 주변국의 상황은 서로 긴밀하게 전달되었으며 각국의 이해관계에 따라 동맹이 맺어지고 때론 전쟁이 일어나기도 하였다. 19세기 후반 동아시아 사회는 산업혁명에 성공한 서구 여러 나라의 침략으로 몸살을 앓고 있었다. 중국은 영국과 두 차례의 아편전쟁을 치러야만 했다. 이 전쟁의 결과 중국은 역사상 처음으로 수도 베이징이 외국군에 의해 함락당하는 수모를 겪었다. 그 결과 중국은 국제사회에서 종이호랑이로 전락하였다. 뿐만 아니라 홍콩을 영국에 할양하고, 광저우廣州·샤먼廈門·푸저우福州·닝푸寧浦·상하이上海를 개항하였으며 개항장에 영사관을 설치할 수 있었다. 제2차 아편전쟁 결과 체결된 베이징조약은 외국 공사의 베이징 주재, 양쯔강揚子江 유역과 북부 및 기타 지역 10개 항구 개항, 내지에서의 여행·통상·포교의 자유 보장, 영사재판권의 확대, 양쯔강 및 각 통상항으로의 군함 진입권, 배상금 지불 등을 담고 있었다. 중국은 전쟁의 원인이 아편에 있었음에도 조약 내용 가운데 아편 제한에 관해서 단 한 줄의 문안도 표기하지 못하고 굴욕적인 조약을 체결하지 않을 수 없었다.

같은 시기에 바다 건너 일본 또한 커다란 변화에 직면하고 있었다. 일본은 1853년 미국의 페리 제독이 이른바 구로후네黑船라고 하는 검은 배 네 척을 이끌고 동경만 앞바다 우라가浦賀 해안에서 함포사격을 가한 뒤 통상을 요구하였다. 당황한 도쿠가와德川 막부정권은 천황의 재가를 받아야 한다는 이유로 시간을 벌었다. 다음 해 막부정권은 미처 준비도 하지 못한 채 미일화친조약을 체결하였다. 그 후 일본의 막부정권은 내분을 겪게 되었고 결국 천황 측과 전쟁을 치르게 된다. 이 전쟁에서 승리한 천황은 1868년 메이지유신明治維新을 단행하였다.

메이지유신으로 일본은 천황을 정점으로 하는 입헌군주제를 확립하고 수도를 교토京都에서 도쿄東京로 옮겼다. 메이지유신 체제에서 천황은 만세를 하나의 혈통으로 이어가는 살아있는 신으로 숭배되었다. 메이지유신 정부는 천황을 인간의 모습을 한 살아있는 절대적 존재인 신으로 섬기도록 규정하였다. 천황은 건국신 아마테라스 오미카미天照大神와 일체라는 종교적 권위를 갖게 되었다. 천황은 진무덴노神武天皇 이래

황실의 핏줄은 만세를 하나로 이어진다는 점을 강조하였다. 메이지유신은 입헌군주국을 표방한 까닭에 일본 제국에는 헌법이 있었다. 이 제국 헌법은 전 7장 76조로 구성되었다. 내용은 천황·신민의 권리와 의무·제국의회·국무대신 및 추밀원 고문·사법·회계·부칙 등으로 구성되어 있었다. 그중에서도 가장 중요한 것은 제1장 천황에 관한 사항으로, 천황의 지위와 성격 및 그 대권을 규정하고 있었다.

유럽의 입헌군주 체제는 황제를 정부나 의회를 간섭할 수 없는 신성한 존재라고 규정하였기 때문에 군림하지만 통치하지는 않았다. 하지만 일본 제국헌법에 명시된 황제의 신성불가침은 종교적 절대성에 기초하였다. 일본 천황은 정치상의 절대 권력과 군사상의 통수권을 행사할 수 있었다. 제국의회는 입법부로서 귀족원과 중의원으로 구성되며 국가의 법률을 제정하는 곳이었다. 그런데 천황은 법률과 동등한 효력을 가지는 칙령을 발표할 수 있었다. 이 권한으로 인하여 천황은 입법부를 초월하는 성격을 가지고 있었다. 천황은 현인신이라는 점에서 정치·군사상의 최고 결정권을 가지고 있었지만 어떠한 사태에 관해서도 직접 책임지지 않는 면책특권을 부여받았다. 책임을 지는 쪽은 천황의 명을 받아서 임무를 수행하는 내각 총리대신 이하 신하들이었다. 천황의 신성성은 신도神道 신앙에 의해 확립되었다. 신도는 천황숭배 내지는 조상숭배를 핵심으로 하는 국수주의적 성격이 강한 일본의 고유한 종교이다.

메이지유신으로 천황제를 확립한 일본은 조선과 중국을 넘보게 되었다. 일본의 이러한 야욕은 메이지유신 이전부터 정한론이라는 형태로 일본 정치권에서 드러나고 있었다. 일본은 메이지유신을 단행한 이후

정한론을 주장하는 일본의 정객들

이 사실을 조선에 알리기 위해 사신을 파견하였다. 그런데 사신이 가져온 외교 문서는 종래와 다른 형식이었다. 지금까지 일본에서 조선에 보내온 외교문서는 일본왕이라는 표현을 사용하였다. 그런데 새로 보내온 문서에는 중국 황제가 사용하는 '황皇' 또는 '칙勅'과 같은 표현이 들어 있었다. 조선의 조정은 이 문서를 무례하다 하여 접수를 거부했다.

 일본 사신은 메이지가 천황으로 등극하여 새 시대를 맞아 국서의 형식과 도장이 바뀐 것이라고 설명하였다. 하지만 조선은 이 문서의 접수를 거부하였다. 조선은 일본이 황제를 선포한 것을 인정할 수 없었고 아직도 일본은 미개한 섬나라라고 인식하고 있었다. 하지만 이미 일본은 더 이상 미개한 나라가 아니었다. 조선에서 일본 국서 접수를 거부하였다는 소식을 들은 메이지유신 정부는 이것을 빌미로 조선을 정벌해야 한다는 정한론이 들끓었다.

박은식이 세상에 태어날 무렵 중국은 2차 아편전쟁이 끝나고 북경조약을 준비하는 시기였다. 일본은 구미 제국과 개항장을 통하여 통상을 시작할 무렵이었다. 이렇게 동아시아를 비롯한 국제사회가 소용돌이치고 있었지만 조선은 아직 긴 잠에서 깨어나지 못하던 때였다.

늦게 시작한 글공부에서 신동의 자질을 보이다

바깥 세상은 이처럼 급변하고 있었지만 조선은 그것을 인식하지 못하였다. 박은식은 이러한 시기에 태어났으며 불행한 집안내력으로 또래보다 늦게 글공부를 시작하였다. 당시 풍습으로 사내아이들은 보통 5~6세가 되면 서당에 입학하여 글공부를 시작하였다. 그렇지만 박은식의 아버지는 어린 아들의 재능이 남다르게 비범하였기 때문에 걱정이 앞섰다. 총명한 아이들에게 일찍 글공부를 시키면 단명한다는 속설이 있었기 때문이다. 이미 자식 몇을 잃은 그로서는 또래에 비해 너무 명석한 아들에게 일찍 공부를 시킬 수가 없었다. 때문에 박은식은 열 살이 되어서야 아버지가 글을 가르치던 서당에 입학할 수 있었다. 아들에게 글을 가르쳐 본 아버지는 내심 놀라움을 금치 못하였다. 박은식은 하나를 가르치면 둘을 알았고, 밤낮으로 열심히 배운 것을 익혔기 때문에 공부하라고 할 필요가 없었다. 오히려 아이들과 어울려 놀기를 권해야 할 형편이었다. 공부를 시작한 지 2~3년 만에 시문詩文에 능하여 주변에 신동으로 소문이

자자하였다. 이후 열일곱 살에 이르기까지 박은식은 아버지의 서당에서 주자학을 배우고 『제자백가』를 공부하면서 과거시험 준비에 몰두하였다. 이 무렵에 이르러서 박은식은 과거공부에만 집착하지 않고 도학道學 · 정치政治 · 문장학文章學에도 관심을 두게 되었다. 그리고 좁은 시골 마을에서 벗어나 사람 사귀는 폭을 넓혔다. 그는 가까운 안악군에 있는 안중근 의사의 부친인 안태훈의 집을 방문·교류하였다. 안태훈과 박은식은 황해도의 두 신동으로 소문이 났다.

박은식이 열일곱 살 되던 해에 아버지가 세상을 떠났다. 이 무렵 그에게는 인근의 연안 차씨와 결혼이야기가 진행되고 있었다. 부친상을 당하게되자 그는 혼사를 미루고 3년 상을 마친 후 21살에 차씨와 결혼하고 평안남도 삼등현으로 이사하였다. 천성을 총명하게 타고난 박은식은 학문에 대한 갈증을 견디기 힘들었다.

"학문하는 목적이 과거에 합격하여 출세하는 것일까?"

그는 이런 의문이 들었다. 옛 성현들의 가르침에 따르면 그것은 아닌 것 같았다.

"그렇다면 사람이 사람답게 산다는 것은 과연 무엇일까?"

결혼한 다음 해, 그는 이런 의문을 풀기 위해 경기도 광주군 두릉으로 신기영과 정관섭을 찾아갔다. 그들은 다산 정약용의 학맥을 이은 선비들이었으며, 박은식은 그곳에서 고문학을 배우고 정약용의 저술을 섭렵하였다. 정약용은 오랜 유배생활 동안 그의 학문적인 명성을 듣고 찾아온 제자들과 함께 500여 권의 저술을 편찬하였다. 정약용은 학문의 목적을 백성이 풍족하게 사는데 도움 되는 것에 두고 있었다. 학문이 진리를 탐구하는 것이라면 진리는 세상을 이롭게 하고 생활을 편리하게 하는 것이어야 하였다. 박은식은 정약용의 저술을 읽으면서 그가 큰 학자였다는 것을 다시금 실감하였다.

임오군란을 목격하다

박은식은 24살 때 서울로 올라와 임오군란을 목격하게 된다. 임오군란은 구식군대와 신식군대의 차별대우에서 발생한 폭동이었다. 당시 군대는 훈련도감의 구식군인과 신식군인 별기군으로 편성되어 있었다. 별기군은 벼슬아치의 자제 중에서 나이가 어리고 총명한 청년 백여 명을 뽑아 사관생도라고 하고 신식 훈련을 시켰다. 구식군인은 별기군에 비해 상대적으로 푸대접을 받았다. 그러던 차에 선혜청에서 구식군인들에게 밀렸던 녹봉을 주었는데 지급받은 쌀에 겨가 반이나 섞여 있었다. 이러한 사실에 격분한 구식군인들이 폭동을 일으켰으니 이것이 임오군란이다.

    임오군란은 당시 구식군인과 민씨 정권에 수탈당하였던 빈민층이 불만을 표출한 사건이었다. 구시군인의 폭동을 보고받은 선혜청 당상 병조판서 민겸호는 즉시 주동자들을 체포하여 포도청에 가두라고 지시하였다. 조만간 이들이 사형당할 것이라는 소문이 돌자 구식군인들과 빈민층은 민겸호의 집에 불을 지르고 무기고를 열었다. 무기고 안에 있던 무기로 무장한 구식군인은 포도청을 습격하여 투옥된 사람들을 석방시켰다. 이들은 별기군 훈련장과 일본공사관을 습격하고 민겸호와 구식군인들의 급료를 착복한 전 호조판서이며, 현 경기도관찰사인 김보현 등을 살해한 후 민비를 찾았다. 이 사태를 수습할 능력이 없었던 고종은 정권을 대원군에게 넘겼다. 이 사건으로 대원군은 청국군에게 지원을 요청하였으나 오히려 납치를 당하였으며 일본에 막대한 보상금을 지불하게 되었다.

  박은식은 현안 문제 해결할 수 있는 시무책을 지어 당국에 제출하고자 하였으나 뜻을 이루지 못하고 귀향하였다. 고향으로 돌아온 그는 평남 영변의 산중으로 들어가 학문에 정진하고 실천에 힘썼다. 1884년 스물여섯 살이 되던 해 박은식은 관서 지방에서 이름난 유학자 운암雲菴 박문일朴文一과 성암誠庵 박문오朴文五 형제를 찾아가서 정주학程朱學을 배워 학문의 깊이를 더하였다. 정주학은 송나라 때 정호程灝·정이程頤 형제와 주희朱熹가 확립한 심성론으로 성리학이라고 불린다. 성리학은 성즉리性卽理로 '마음이 곧 성性이고 그 마음이 곧 이理와 다를 바가 없다'는 것이다. 따라서 마음을 밝히기만 하면 거기서 전체를 관통하는 이理를 볼 수 있다고 한다. 이 성리학은 고려 말에 유입되어 조선시대를 풍미하였다. 박은식도 성리학을 깊이 연구하였으며 몸에 익히고자 하였다.

세상으로 나가다 02

벼슬길에 나가다

젊은 나이에 이미 학문이 깊다고 소문이 난 박은식에 대한 소식을 들은 평안도 관찰사 남정철은 그가 어떤 사람인지 몹시 궁금하였다. 어느 날 남정철은 사석에서 주위 사람들에게 물었다.

"박은식이란 사람은 어떤 사람인가?"

곁에 있던 사람이 대답하였다.

"성품이 맑고 깨끗하기가 가을 물 같으며, 뜨거운 열정은 바위라도 녹일만한 사람입니다."

그 옆에 있던 또 다른 사람이 이렇게 말하였다.

"그의 학문은 『사서삼경』뿐만 아니라 『제자백가』를 통달한 까닭에 그 깊이를 가늠하기가 어렵다고 합니다."

"음, 그런 사람이란 말이지."

남정철은 혼자 중얼거렸다.

성리학 공부에 전념하던 박은식은 1885년 어머니 노씨의 권유에 따라 향시를 보았다. 과거시험 답안지를 살펴보던 남정철은 소문으로 듣던 박은식의 이름을 마주치고 잠시 긴장하였다. 그는 마음을 가다듬고 답안을 읽어 내려갔다. 과연 박은식의 글은 논리가 정연하였고, 문장 또한 명문이었다.

"어허, 이런 인재가 아직까지 발탁되지 못하다니, 아까운지고."

그렇지만 그것은 어디까지나 평양이라는 지방에서 치른 향시에 불과하였다. 향시의 급제로는 벼슬자리를 얻을 수 없었다. 때마침 박은식은 민씨 척족 가운데 한 사람이었던 민영준閔泳駿의 추천으로 숭인전崇仁殿 참봉에 제수되었다. 숭인전은 평양에 있는 기자箕子를 모신 사당이다. 조선시대에는 과거에 합격하지 않았더라도 덕이 높고, 학문이 깊은 사람을 주위에서 천거하면 관직을 내리는 제도가 있었는데 이를 유일遺逸이라고 한다. 박은식은 유일로 말단 관직에 나갔다.

그로부터 4년 뒤 그는 동명왕릉東明王陵 참봉으로 승진하게 된다. 이 무렵 평안도관찰사였던 민병석閔丙奭은 박은식에 관한 소문을 듣고 그의 재주를 몹시 아꼈다. 민병석은 박은식을 평양 부근 중화군에 있는 동명왕릉 참봉으로 승진시켰다. 동명왕릉이 평양과 가까운 곳에 있으므로 박은식을 자주 만날 수 있도록 한 것이다. 민병석은 그가 학문에 전념할 수 있도록 도와주었다. 후일 민병석이 서울로 돌아가서 박은식을 부르자 박은식은 상경하여 새로운 세계를 만나게 된다.

박은식은 1894년 동학농민전쟁이 일어나서 세상이 어지러워지자 강원도 원주군 주천酒泉으로 이주하여 이듬해까지 은거하였다. 당시 그는

동학농민군의 백산봉기

동학농민전쟁에 대한 인식이 그다지 깊지 못하였다. 1915년에 발간된 『한국통사韓國痛史』에서조차 '갑오동학란'이라는 표현을 쓰고 있다. 동학농민전쟁은 전근대 사회에서 반외세를 표방하고 봉건왕조를 타도하려는 아래로부터의 혁명이었기 때문에 중요한 의미를 지니고 있다. 이때까지만 하더라도 박은식은 애국계몽주의 노선을 취하고 있었기 때문에 위정척사파의 의병운동이나 농민군의 봉기에 대해서는 긍정적인 생각을 갖지 못하였다.

박은식의 이러한 인식은 1919년 3·1운동을 경험하고 나서 1920년에 출판된 『한국독립운동지혈사韓國獨立運動之血史』 단계에 오면 극복된다. 『한국통사』 단계에서는 그는 1884년 갑신정변을 '갑신혁당지란甲申革黨

之亂'이라고 하여 외세를 등에 업고 일으킨 경솔한 행동으로 인식하였다. 하지만 『한국독립운동지혈사』에서는 '갑신독립당의 혁명 실패'라고 표현하였다.

동학농민전쟁 또한 '갑오동학당의 대풍운'이라고 서술하면서 아래로부터의 혁명의 의의를 부각시켰다. 박은식이 1914년 『한국통사』를 집필할 때 그의 나이가 56세였고, 『한국독립운동지혈사』가 출판된 때는 62세였다. 나이 60이 넘어서도 새로운 사실들을 배웠고 그것을 저술에 반영하였다. 그는 평생 자신을 낮추고, 겸손하게 처신하면서 배우는 자세로 일관된 삶을 살았다.

새로운 세계에 눈 뜨다

문호개방과 함께 밀려드는 외세에 대항하여 국권을 수호하는 방식은 크게 세 가지 계열로 나뉜다. 위정척사파와 개화파 그리고 동도서기파이다. 이 세 가지 노선은 오늘날의 관점에서 보자면 각기 나름대로 의미가 있다. 위정척사사상은 의병전쟁의 사상적 기반이 되었다. 의병전쟁은 국가와 민족이 외세 침략으로 위기에 처하였을 때 생사와 성패를 생각하지 않고 외세에 저항한 무장투쟁이었다. 의병전쟁은 정의와 도덕적인 가치 수호를 명분으로 내세웠지만 신식 무기로 무장한 외세와 정부군을 적으로 돌렸기 때문에 패전을 거듭하였다. 의병전쟁으로 사람이 죽고, 집은 불탔다. 황폐화된 국토에 남은 것이 있다면 정의를 지키는 값진 전통뿐이었다.

개화파는 서구 문명의 위력을 실감하고 하루 빨리 서구 문물을 수용하여 근대국가를 건설하는 것이 살 길이라고 생각했다. 외국으로 사신을 파견하여 근대 문물을 시찰하고, 학교와 병원을 세우고, 제도의 개편을 서둘렀다. 이들은 당시 최고 엘리트 집단이었지만 자주적인 역량으로 개혁을 진행하지 못하였다. 개화파 인사들은 마음이 급한 나머지 제국주의 실체를 파악하지 못하고, 외세를 끌어들여 개혁을 단행하였다. 외국의 힘을 빌린 개혁은 현명한 처사가 아니었다. 세상에는 공짜가 없다. 많은 사람들은 상대에게 적게 주고, 상대로부터는 많이 받고 싶어 한다. 이런 이치를 생각하지 못하였던 개화파는 일본이라는 외세를 끌어들여 수구파를 처단하려고 하였다. 그렇지만 결국 실패하고 일본과 미국으로 망명하고 말았다.

동도서기파는 윤리와 사상적인 점에서는 전통을 고수하고 물질적인 면에서 서구화를 추구하여 부국강병한 국가를 건설하고자 하였다. 이들은 서구 문명의 요체를 두 가지로 파악하였다. 하나는 실험 결과를 중시하는 과학이요, 다른 하나는 국민정신을 하나로 결집시킬 수 있는 기독교였다. 동도서기파 가운데 서구 문명의 두 가지 요체를 현실에서 실현시키고자 하는 사람들이 있었다. 그들은 유학을 종교화하려는 사람들이었다. 이들은 서구 문명을 배우기 위해서는 교육이 중요하다고 인식하였다. 그래서 이들은 신문과 잡지 등 언론 매체를 통하여 애국계몽운동을 전개하였다. 박은식은 동도서기파에 속한다.

박은식은 마흔이 될 무렵 서울로 상경하였다. 서울로 올라온 그는 지금까지 풍문으로 들었던 새로운 세계를 접하였다. 밤을 대낮같이 밝힐 수 있는 전기, 긋기만 하면 불이 피어오르는 성냥, 입안에 넣으면 사르르 녹는 초콜릿과 같은 양과자 등을 경험하며 이 놀라운 서양문명의 실체가 무엇인지 궁금해졌다. 그는 서구 문명을 소개한 책들을 읽기 시작했다. 박은식은 서구 문명에 관한 책을 섭렵하였던 사실을 후일 다음과 같이 이야기하였다.

> 내 나이 40세 이후에 세계학설이 수입되고 언론 자유의 시기를 만나 주자학에만 빠져 있었던 나도 사상에 변화가 생겨 우리 선배들이 엄금하였던 노자·장자·양주·묵적·신불해·한비자의 학설과 불교와 기독교의 교리를 모두 섭렵하게 되었다.

박은식은 서구 문명을 더 잘 이해하기 위해서 유교에서 이단으로 여기며 배척하였던 학설까지 읽었다고 고백하였다. 그가 서울로 올라왔던 시기는 1898년경으로 이 시기는 독립협회의 자주민권운동이 활발하던 때였다. 당시 서울에는 서구의 여러 학설과 세계 지리와 역사, 법률과 자연과학 서적, 신문과 잡지들이 쏟아져 들어왔다. 주로 중국이나 일본에서 간행되어 수입된 것이었다. 박은식은 주로 중국의 엔푸嚴復나 량치차오梁啓超의 글들을 읽었을 것으로 생각된다. 한문에 능하고, 량치차오의 저술을 번역하여 언론에 소개한 점에서 그렇게 추정할 수 있다. 당시 새로운 사상으로 이해되던 천연론天演論·민약론民約論·사회진화론 등은 자유민주주의와 민족주의 사상을 담고 있었다. 이런 책과 이론들을 접하면서 박은식은 지금까지 주자학만을 유일하게 올바른 학문으로 이

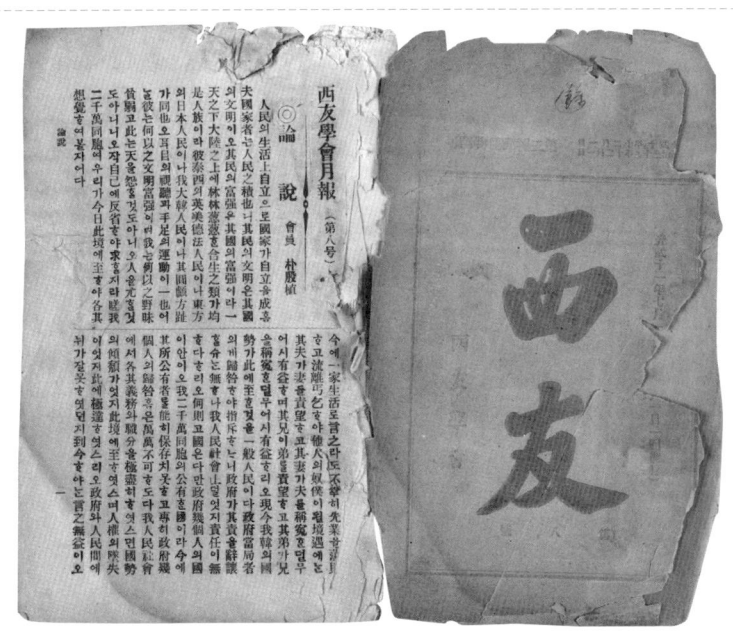

서우학회에서 발행한 학회지인 『서우』

해하고 있었던 자신이 얼마나 시대에 뒤처지고 있었는지를 깨달았다.

사회진화론은 일본과 청나라를 거쳐서 유입된 것으로 당시 지식인들의 세계관에 커다란 영향을 주었다. 중국에서 들어온 사회진화론은 한문을 읽을 줄 알았던 지식인들 사이에서 급속하게 전파되었다. 그 가운데서도 량치차오의 영향이 컸다. 사회진화론은 적자생존·약육강식·우승열패의 경쟁원리를 주된 내용으로 하고 있어 서구 제국주의 세력의 동아시아 침략을 설명할 수 있는 적절한 이론이었다. 박은식 또한 사회진화론을 경쟁사회에서 피할 수 없는 현상으로 인식하였다. 그는 사회진화론에 대한 견해를 여러 곳에 실었다. 그 가운데 1906년 10월에 『대한자강회월보』에 다음과 같은 요지의 글을 발표하였다.

생존경쟁은 하늘의 이치요, 우승열패는 분명한 사례이다. 아! 같은 사람으로서 우등한 지위에 있는 사람은 복된 생활을 누리고 열등한 위치에 있는 사람은 비참함을 감당할 수 없으니 이것은 무슨 까닭인가. 단지 학문이 있고 없음의 차이로써 등급은 현격한 차등이 생기고, 안위安危와 영욕과 고락이 분명하게 구별이 되니 생각하지 않을 수 있겠는가.

박은식은 경쟁사회에서 약육강식과 우승열패는 피할 수 없는 자연법칙으로 생각하였다. 그런 까닭에 부강한 독립국가를 만들기 위해서는 모든 국민이 분발하여 인내심을 가지고 국력양성에 힘써야 한다고 주장하였다.

그렇지만 박은식은 사회진화론을 세상의 당연한 법칙으로 수용할 수는 없었다. 왜냐하면 그는 지금까지 모두가 사람답게 사는 세상은 예의와 염치 그리고 평화를 사랑하는 따뜻한 마음이 중요하다고 배워왔기 때문이다. 그는 약자를 무시하고, 약탈하는 사회진화론을 궁극적으로는 극복해야 할 이론으로 인식하였다. 그는 제국주의와 강권주의가 물러가고 평등주의가 부활할 시기가 멀지 않았다고 보았다. 그리고 다가오는 시대는 강권주의와 평화주의가 바뀔 것으로 전망하였다. 그는 무한경쟁 사회가 오랫동안 지속된다면 전쟁과 살육이 그치지 않을 것으로 전망하였다. 사회진화론은 모두가 평화롭게 조화를 이루면서 살아가는 사회에서 통용될 수 없는 이론이었다. 박은식은 유교에서 제시하는 이상향인 대동사회를 건설하고자 하였다. 대동사회는 『예기』의 「예운」편에 나오는 이상사회로써 다음과 같이 묘사되어 있다.

대도가 행해지면 천하가 공평하나니 어진 이를 선거하여 정치를 하게 하면 능력자에게 행정이 맡겨지고 믿음에 기초한 사회와 화목한 가정이 만들어진다. 그러므로 사람은 자신의 어버이만을 어버이로 여기지 않고 자기 자식만을 사랑하지 아니한다. 늙은이는 임종할 곳이 있고 젊은이는 쓰일 곳이 있으며, 어린이는 양육 받고 홀아비·과부·고아·늙은이는 모두 부양받을 수 있다. 남자는 해야 할 일이 있고, 여자는 시집갈 데가 있다. 대도가 행해지는 세상은 재물을 아끼지만 반드시 자기 집에만 저장하지 않으며, 능력을 존중하지만 반드시 자기만을 위하지는 않는다. 이러한 까닭에 술수가 사라지고 도적이 없어서 대문이 있어도 잠그지 않고 산다.

박은식은 치열한 경쟁사회를 넘어 대동사회를 건설하기 위해서는 지혜와 힘을 모아야 한다고 하였다. 그는 사회진화론이 성행할수록 대동사회에 대한 열망이 높아질 것으로 전망했다. 경쟁사회에서 약육강식의 원리는 피할 수 없지만 인간은 경쟁이 치열하면 할수록 평화를 추구하게 된다고 보았다.

하지만 현실의 유림은 그렇지 않았다. 박은식은 주자학과 유림의 한계를 인식하였다. '예禮'라는 번거로운 형식과 절차를 중시하는 주자학으로는 변화된 현실을 설명해 낼 수 없었다. 뿐만 아니라 지금도 주자학만을 유일한 학문으로 알고 집착하는 사람들에게는 변화된 사회를 이해시키기 어려웠다. 이제 그는 자신이 무엇을 해야 하며 어떤 길을 가야 하는지 분명히 알게 되었다. 그는 같은 시대를 사는 사람들에게 '오늘 우리가 무엇을 어떻게 해야 하는지 깨우쳐주어야 한다'고 생각하였다. 그리고 그는 다 같이 잘 사는 나라를 만드는 것이 그에게 주어진 임무라고 느꼈다.

당시 지식인들 가운데는 사회진화론을 수용하여 개화된 서구 세력을 따라가야 한다고 주장하는 이들도 있었다. 이들 가운데는 조선의 낙후된 현실을 인정하고 새로운 대안을 모색하다가 결국 외세에 영합한 사람들도 있었다.

사회진화론을 넘어서 03

사회진화론을 비판하다

19세기 말 지식인들은 사회진화론을 현사회를 설명하는 가장 적절한 이론으로 이해하였다. 그렇지만 박은식은 사회진화론의 경쟁원리가 강조될 때 인류는 결국 패망할 것이라고 보았다.

  이 무렵 박은식은 청나라와 일본으로부터 전래된 세계역사·지리·법률·자연과학 관련 서적들과 신문·잡지 등의 새로운 서적을 접하였다. 세계 학설이란 클레로의 『지구구형론』이나 루소의 『민약론』, 몽테스키외의 『법의 정신』, 스펜서의 『사회진화론』과 같은 이론을 말한다. 이 가운데 사회진화론은 당시 진보 세력들의 세계관에 커다란 변화를 주는 계기가 되었다. 뿐만 아니라 이 이론은 전통적으로 유교적 사유체계가 오랫동안 지배하고 있던 한국사회에 강한 충격을 주었다.

  사회진화론은 지식인들 사이에 급속하게 전파되었다. 박은식은 량치차오의 『음빙실문집飮氷室文集』을 통해 사회진화론을 수용한 것으로 보인다. 왜냐하면 박은식이 량치차오의 글을 많이 번역하였기 때문이다. 『음빙실문집』은 한문으로 쓰여 있었기 때문에 영어나 일본어를 해독할 수 없었던 당시 지식인들에게 필독서로 여겨지고 있었다.

박은식은 당시 많은 지식인들과는 달리 사회진화론의 경쟁원리를 피하고 싶었다. 이러한 까닭에 그의 저술 중 많은 부분에서 갈등의 면모가 나타나고 있다. 그는 1911년 만주 환인현으로 망명하여 청소년들에게 민족혼을 일깨우기 위해 저술한 『몽배금태조』에서 다음과 같은 의문을 제기하고 있다.

어찌하여 세계의 문명이 발전하고 인간의 지식이 증가할수록 경쟁의 기회와 살벌한 소리가 점점 커져서 이른바 국가경쟁이니, 종교경쟁이니, 정치경쟁이니 하는 많은 문제가 거듭 나와서 세계 역사에 전쟁이 그치지 않는가. 더욱 고도로 팽배하게 되면 백 년 전의 큰 전쟁은 지금 어린 아이의 역사가 되고 십 년 전 대전장大戰場은 지금 연희演戲의 극장이 되었으며…… 약육강식은 공례라 하며 우승열패를 하늘의 법칙으로 인정하여 나라를 멸하고 종족을 멸하는 부도불법不道不法으로써 정치가의 훌륭한 계책을 삼고, 이른바 평화재판이니 공법담판公法談判이니 하는 문제는 불과 강권자와 우승자의 이용이요, 약자·열자는 그 고통을 호소하고, 억울하고 원통한 것을 하소연 할 곳이 없으니 이것은 상제上帝의 일시동인一視同仁과 성인의 만물일체萬物一體를 대하여 유감이 없을 수 없다.

박은식은 사회진화론을 강자가 약자를 억압하는 이론으로 이해하였다. 그는 이러한 사회가 진정 올바른 사회인가에 대해 의문을 제기하고 경쟁을 넘어서 평화를 추구하는 유교에서 이상적인 사회로 제시된 대동사회를 꿈꾸고 있었다. 그 이상사회는 어진이가 정치를 담당하여 믿음에 기초한 화목한 가정이 이루어지고, 어른은 존경받고, 젊은이는 각자의 일자리가 있는 사회이다. 뿐만 아니라 사회복지정책이 잘 시행되어 홀아비·과부·고아·늙은이가 모두 부양받는다. 재물을 귀하게 여기지만 자기 집에만 저장하지 않으며 능력을 존중하지만 자기만을 위하지 않는다. 그런 까닭에 술수와 도둑이 없는 사회이다.

온고지신으로 이상사회 건설을 모색하다

대동사회는 지배계급과 피지배계급의 신분적 차이가 엄존하던 계급 사회에서 피치자들의 염원을 반영한 이상사회였다. 박은식이 추구한 대동사회는 자유와 평등이 전제된 상하의 계급 구별이 없는 평등한 사회였다. 이러한 면모는 박은식이 대동사회를 설명하는 다음과 같은 글에서 잘 살필 수 있다.

> 하물며 현재는 세계 대운大運이 평등주의를 지향하는 시대라. 하등사회를 인도하여 상등지위로 진보케 함은 천지진화의 정도를 순종함이니 그 효과를 알리는 것 또한 자연스러운 추세이다.

박은식은 사회진화론이 널리 성행하면 성행할수록 이상사회에 대한 열망이 높아질 것으로 전망하고 있다. 경쟁사회에서 약육강식의 원리는 피할 수 없지만 인간은 경쟁이 치열하면 할수록 평화를 희구하게 된다는 것이다. 그가 설명하는 대동교의 종지는 다분히 양명학적인 인식에 바탕을 두었다.

양명학은 오직 한 마음이 천리에 있으니 고요하게 보존하고 이것을 잘 기르고 좇아 행하면 사람이 하늘과 합쳐질 수 있다고 한다. 양지良知라는 것은 자연스럽게 밝게 깨닫는 지식이니 순일하여 거짓이 없는 지식이다. 그런 까닭에 흘러서 그치지 않는 지식이요 모든 것에 응해서 멈추지 않는 지식이다. 박은식은 일체 만물의 변화에 상응하여 시대와 상황에 맞게 변화하면서 실천성을 가지는 양명학을 누란에 처한 시대과제를 해결할 수 있는 원리로 보았다. 그는 마음이 곧 진리라는 심즉리心則理의 우주 존재 원리를 인간의 윤리적 당위 법칙으로서 실천 주체인 인간의 마음으로 일원화하여 찾고자 하였다. 그는 주자학이 현실 문제에 해답을 제시하지 못하자 양명학의 간이직절簡易直截한 가르침을 수용하여 해결하고자 하였다.

박은식은 살벌한 경쟁사회가 아닌 세계가 평화롭게 살아가는 이상사회를 추구하고 있었다. 그럼에도 불구하고 제국주의의 침략과 약육강식은 엄연한 현실이라고 보았다. 그의 고민은 망해가는 나라가 처한 현실과 평화롭고 인간다운 삶을 추구하는 이상사회 사이에서 해답을 찾는 것이었다. 그는 나라가 위기에 처한 현실에서 살아나기 위해서는 서구사회와 경쟁을 하지 않을 수 없으며, 이 경쟁에서 승리하기 위해서는 모든 국민들이 일치단결해야 한다. 단결된 힘은 교육을 통해서 창출될 수 있다고 믿었다.

　박은식은 사회진화론에서 인류를 파탄으로 몰아넣을 무서운 경쟁원리를 보았을 뿐 구원의 손길은 찾을 수 없었다. 그가 진정으로 추구한 세계는 물질적으로 풍요로우면서도 도덕과 인륜이 살아있는 사회였던 것이다. 박은식의 모든 생각과 행동은 구국운동으로 이어진다. 그가 실천한 구국운동은 나의 조국만 잘 살겠다는 것이 아니고 모든 사람들이 행복해야 한다는 것이었다. 결국 그는 세계평화를 지향하는 박애주의자였던 것이다.

04 오늘 우리가 해야 할 일은

교육만이 살 길이다

박은식은 1898년 상경해서 『대한매일신보』의 주필로 활동하면서 계몽사상가로 변모하였다. 그 무렵 그는 독립협회의 구성원으로 활동하면서 중국의 변법자강變法自疆 사상을 받아들였다. 사상의 폭이 넓어지고 세계 정세에 눈을 뜬 그는 모든 국민들이 당시 처한 현실을 제대로 알아야 한다고 생각하였다.

　우리가 살아가는 세상은 생존경쟁이 치열하여 강한 것은 살아남고 약한 것은 도태되는 곳이다. 우리가 생존경쟁에서 살아남기 위해서는 교육으로 지식을 계발하고 식산殖産을 장려하여 경제력을 길러야 한다. 오늘 우리가 외세에 수난을 당하는 것은 국민들이 근대교육을 받지 못해서 과학이 발달하지 못하여 서구 문명과 경쟁에서 뒤진 때문이다. 이 상태에서 벗어나려면 산업을 일으키고, 교육을 진흥시켜야 한다. 교육은 자국정신自國精神에 기반을 두어야 하며, 자국정신은 대한정신으로 곧

'국혼國魂'을 뜻한다. 국혼은 곧 민족의 '얼'이라고 할 수 있으며 구체적으로 국교國敎·국학·국어·국문·국사 등으로 민족문화를 상징하는 것이다. 이러한 인식은 외래문화가 비록 앞서 있다고 하더라도 그것을 주체적으로 수용해야 한다는 논리이다.

국혼은 민족의 정체성 확립이라는 측면에서 대단히 중요하다. 서구가 우리보다 물질문명이 앞섰다고 해서 무조건 그것을 따라갈 수는 없다. 왜냐하면 모든 문명은 그 발생 배경에서 토질과 기후 등 여러 가지 자연 조건들을 반영하여 형성되었다. 뿐만 아니라 그 지역에 살고 있는 사람들의 규범과 도덕률 그리고 가치관과 정서 등 인문학적 요소들을 반영하고 있기 때문이다. 문명은 선진 고급 문명에서 저급한 문명으로 자연스럽게 흘러간다. 하지만 중요한 것은 그 지역의 특성과 지역민의 정서로 녹여 내지 않으면 정착될 수 없다는 것을 박은식은 잘 알고 있었다. 선진 문명을 수용하려면 먼저 이러한 조건이 성숙되어야 한다. 그런 까닭에 박은식은 서구 문명을 이해할 수 있는 분위기를 만들어야 한다고 보았다. 그는 경쟁원리와 식산흥업에 앞서 민족정신이 확립되고, 온 국민이 단결한다면 오늘의 위기를 극복할 수 있을 것으로 보았다.

박은식은 서구의 여러 나라를 부강한 나라로 인식하였다. 우리나라가 서구의 열강들처럼 부강해지기 위해서는 과학적인 지식을 습득해야 한다. 우리는 서양 과학 문명을 알기 위해서는 근대학문을 배워야 한다. 그러기 위해서는 많은 학교를 세워 인재를 양성해야 한다. 제대로 교육을 받은 사람들이 많아야 오늘의 이 난국을 타개할 수 있다. 모든 일은 사람에 의해서 이루어진다. 그러므로 일을 성공적으로 하자면 유능한 사람을 길러야 한다. 박은식은 지성과 인격에 능력을 갖춘 사람만이 유일한 대안이라고 생각하였다. 그런 까닭에 많은 사람들에게 왜 교육을 받아야하며 지금 우리는 어디로 가야 하는지를 알리는 일에 나섰다. 그는 지식과 세력은 교육에 의해서 좌우되고, 교육은 민족의 생사를 가르는 중요한 사업이라고 생각하였다. 박은식은 이러한 내용을 신문과 잡지에 발표하였고 만나는 사람들에게 이야기로 전하였다. 많은 사람들이 모인 곳에서 강연으로 대중들에게 호소하였다.

박은식은 국권을 상실하게 될 위기에 처한 까닭을 많은 사람들이 교육을 받지 못한데 있었다고 보았다. 조선시대 교육은 지배층인 양반만이 받을 수 있었고, 그 교육은 한문으로 이루어졌기 때문에 오랜 시간을 필요로 하였다. 교육을 받은 소수의 양반만이 과거를 볼 수 있었다. 관직은 과거에 합격한 사람에게 주어졌기 때문에 출세는 소수의 특권층에게만 허용되었다. 박은식은 그 결과 오늘과 같은 불행을 초래하게 되었다고 하였다.

1906년 「서우」 제1호에 실린 박은식의 논설 '교육이 불흥이면 생존을 부득'

박은식 교육관의 요점은 이렇다.

사람을 사람답게 만드는 것은 교육이고, 국가를 국가답게 만드는 것도 교육이다. 세상 모든 일의 성공과 실패는 사람에 의해서 좌우된다. 사람이 모든 일을 주관하기 때문에 사람을 잘 키우는 것만큼 중요한 것이 없다. 그는 나라 안의 모든 국민이 한 사람도 배우지 않은 사람이 없어진 뒤에라야 비로소 부강한 나라를 만들 수 있다고 믿었다. 그는 국민 가운데 교육을 받지 못한 사람이 많다면 교육받은 나라의 국민을 대항할 수 없다고 보고 국민 모두가 교육을 받는 의무교육의 필요성을 강조하였다. 그가 주장한 의무교육은 오늘날처럼 무상교육은 아니었던 것 같다. 왜냐하면 경제력이 없는 빈민층에 대한 교육을 별도로 언급하고 있기 때문이다. 그는 빈민의 자제로서 교육을 받을 경제적 여유가 없는 사람들에게 낮에는 일하고 밤에 공부하는 야학제도를 권하였다.

그리고 공직에서 근무하는 관리들의 전문성 향상을 위하여 정부가 정치학교를 특별히 설치하여 관리들을 재교육시켜야 한다고 역설하였다. 박은식은 벼슬하는 사람들이 계속해서 학문을 연마하지 않는 것을 경계하였다. 관리들은 학문이 충분히 성숙한 이후에 관직에 나가야 하고, 관직에 나간 이후에도 끊임없이 배우고 자신을 연마해야 바른 공직생활을 할 수 있다. 그래야만 청렴한 공직사상이 확립될 수 있다. 공직사회가 바로선다는 것은 사회 기강이 제대로 확립된다는 것을 뜻한다.

모든 국민들에게 의무교육을 시키기 위해서는 많은 학교가 설립되어야 한다. 정부는 지방행정 단위별로 훌륭한 선비를 선발하여 강의를 하게 해야 한다. 강의를 할 수 있는 선생은 시무時務와 산술·법률 등 일정한 과목으로 자격을 검증하여 우수한 사람을 국학에 추천하여 교육을 담당하게 하여야 한다. 그리고 해외 선진국에 유학생을 파견하여 선진 문물을 배워오게 해야 한다. 학문은 반드시 스승이 있어야 한다. 지금 신학문을 진흥시키자면 먼저 외국에서 배워와야 한다. 나라의 우수한 인재를 영국·프랑스·독일·미국 등지에 파견하여 선진문물을 배워 오게 하면 나라 안에 신학이 점점 일어날 것이다. 그리고 널리 서적을 간행하여야 한다. 나라 안에 책이 풍부한 다음에 학인의 견문이 넓어질 수 있다. 신학문의 서적으로서 국내에 들어온 것들로는 사감史鑑·지지地誌·물리物理·농공·법률·양잠 등이 있었다. 외국어로 쓰인 이 책들은 국한문으로 번역·출판되어 사람들의 견문을 넓혀 주어야 한다. 나아가서 널리 도서관을 세워 이 책들을 보관하고, 많은 사람들이 열람할 수 있도록 장려해야 한다. 학문은 훌륭한 선생님만큼 중요한 것이 없다. 선생님은 똑같은 방법으로 같은 강의를 하기 보다는 늘 새로운 교수법을 강구해야 한다. 지금 교원들은 속성과에서 60일 간의 과정을 마친 사람들이 강단에서 강의를 한다. 이래서야 제대로 된 교육이 될 수 있겠는가. 박은식은 하루 빨리 훌륭한 선생님들을 모셔와야 한다고 주장하였다.

　박은식은 의무교육의 중요성과 함께 한글교육의 필요성을 강조하였다. 지금까지 우리의 교육은 한문 한 과목에 집중되어 있었다. 그는 누구나 쉽게 배워서 사용할 수 있는 한글교육을 보편화시키는 것이 급선무라고 하였다. 또 그는 보통 기초나 개인의 장기를 계발할 수 있는 전문교육을 시행하지 않은 현실을 개탄하였다. 그는 사람을 능력에 따라 단계적으로 보통학으로부터 전문학에 이르기까지 교육시켜야 전국의 인재를 하나도 버리지 않고 쓸 수 있다고 보았다.

　박은식은 모든 국민들에게 의무교육을 시키려면 강제성을 띠어야 한다는 입장이었다. 그는 교육을 시킬 자제가 있는데도 교육을 시키지 않는 부모나 나이가 어린데도 교육을 받지 않는 자를 벌을 주는 규칙을 정해야 한다고 주장하였다. 이는 자신이 주필로 있는『대한매일신보』와『황성신문』에 각국의 의무교육제도를 소개함으로써 의무교육의 필요성을 역설하는 입장으로 귀결되었다.

사범교육이 시급하다

박은식의 의무교육 강조는 전국에 학교 설립과 사범교육의 필요성으로 이어진다. 많은 학교가 세워지고 공부를 하려고 오는 학생들이 많아지면 절실하게 필요한 문제는 바로 교사이다. 학교는 세우면 되지만 자격을 갖춘 교사의 부족은 단시일에 해결하기 어려운 문제다. 당시 교사들은 신식 사범교육을 받은 정규 교사는 거의 없었다. 대부분 서당에서 한문을 배운 사람들이었다. 박은식은 서당교육을 그다지 높게 평가하지 않았다. 왜냐하면 자신이 그 실정을 너무나 잘 알고 있었기 때문이다.

　서당교육의 교과서는『천자문』·『명심보감』·『소학』·『고문진보』·『통감』등이었다. 학습 방법은 이를 그저 외우도록 하는 것이었다. 게다가 배운 것을 외우지 못하거나 학습하는 대도가 좋지 못할 때는 회초리로 사정없이 체벌을 가하는 까닭에 학생들이 학습에 쉽게 염증을 느끼고 싫어하며 달아나기가 일쑤였다. 이러한 교육 방법은 창의성이 요구되는 과학적인 학문을 이루어 낼 수가 없었다. 더욱이 무한경쟁 시대의 흐름에 역행하는 교수법이었다.

박은식은 서양 여러 나라 선진 문물의 기초가 지식과 학문의 발달에 있었다고 보았다. 박은식은 신지식과 신제도를 배척하고 배우기를 꺼린다면 결국 남의 노예가 되고 말 것이라고 경고하였다.

당시 교육계가 당면한 문제는 학교부족, 교재의 불충분, 교사의 부족과 교사 자질 문제 등이었다. 교사로 임용되어 교육을 담당하는 자들 가운데는 소수를 제외하고 대부분 교사들은 자격을 갖추지 못한 사람들 이었다. 이는 선진국에서도 근대교육을 시행하는 초기에 경험하는 것으로 현실적으로 어찌할 수 없는 문제였다. 문제는 어떻게 하면 짧은 시간 안에 충분한 자격을 갖춘 교사를 양성하느냐 하는 것이었다. 이러한 사안은 시급하고 중요한 문제이기는 하였지만 해법을 찾기가 쉽지 않은 일이었다. 이 문제가 해결되지 않고는 부강한 국가를 건설할 인재양성과 발달된 문화를 이루기는 불가능하였다. 하지만 문제의 해결을 위해서는 장기적인 계획과 시간이 필요하였다.

「서우학회월보」에 실린 '의무교육'실시를 중시하는 논설

박은식은 사범학교를 많이 세워 우수한 교사 양성도 시급한 과제임을 역설하였다. 교육의 질은 우수한 교사 확보 여부에 달려 있다는 것은 굳이 말할 필요가 없다. 선진국에서 교사들은 방학을 이용하여 훌륭한 선생을 강사로 모셔와 강연을 듣고 또 토론을 통하여 더 나은 교수법을 개발한다. 우리도 이 제도를 모방하여 실시해야 한다. 만일 이것이 불가능하다면 교사는 다시 학교에 나가서 자신이 가르치는 과목에 대한 연구하는 분위기가 중요하다. 교사도 끊임없이 교수법을 개발하고 자신이 가르치는 과목에 대한 연구를 계속해야 훌륭한 교사가 될 수 있다.

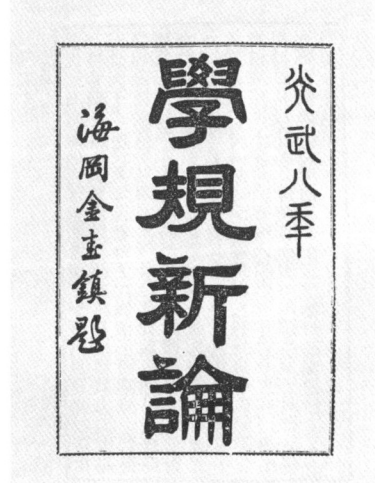

「학규신론」. 학교 교육의 중요성을 강조한 박은식의 사상이 잘 드러나 있다.

그는 단기적인 대안으로 6개월 과정의 속성 사범학교를 세워 교사 양성을 해야 한다고 주장하였다. 6개월 동안 교육을 통해 과연 스승 노릇을 할 수 있을 것인가에 대하여 심한 우려를 표명하기도 하였지만 현실적으로는 어쩔 수 없는 일이었다. 장기적 해법은 젊은 인재들을 선발하여 외국 유학을 보내서 우수한 교육을 받아서 돌아오게 하는 문제로 귀결되었다. 공부는 훌륭한 선생님을 모시는 것만큼 중요한 것이 없다. 당시 국내에는 그럴만한 소양을 갖춘 인재가 없었다. 그렇다면 교육을 담당할 선생님들은 각기 전문분야에 정통한 외국인 학자들로부터 배워와야 했다. 국내의 인재들을 선발하여 미국·영국·프랑스·독일 등지로 보내서 선진 문물과 학문을 배워와서 교사가 되게 해야 했다. 또한 각국에서 뛰어난 여러 방면의 학자들을 초빙하여 스승으로 삼아야 한다고 하였다.

여성과 아동교육도 중요하다

박은식은 남존여비 사상에 젖어서 여성교육을 남자에 비해서 소홀히 하는 현실을 개탄하였다. 여자들이 정규 교육을 받지 못하게 되면 자녀들의 교육 또한 부실하게 된다. 그러므로 여성교육의 중요성은 아무리 강조해도 지나치지 않다. 만약 여자들이 교육을 제대로 받지 못하고, 남자 가운데도 교육을 온전히 받지 못해 개명된 사람이 소수에 불과하다면 어떻게 남녀의 다수가 개명한 타국의 국민을 대적할 수 있겠는가? 박은식은 여학교 설립을 강조하였다. 그는 1908년 4월 「여자보학원유지회 취지서女子普學院維持會趣旨書」에서 여자교육의 중요성에 대하여 이렇게 역설하였다.

수 천 년간 갇혀서 생활하다가 마침내 한 줄기 광명이 시작된 것이니 진정한 문명의 본원지이니 힘쓰지 않을 수 있겠는가.

여성들은 세상의 흐름이 어떻게 돌아가는 지에 대해서는 아는 것이 부족하였다. 이런 분위기 속에서 자란 여자들이 시집을 가서 자식들을 낳았을 때 어떤 말을 해 줄 수 있을까. 교육을 받지 못한 여자들이 자녀에게 해 줄 수 있는 말은 그저 어른을 공경하고, 예의바르게 행동하라는 이야기에 불과하다. 물론 어머니의 이러한 가르침은 세상을 살아가는데 중요하다. 하지만 이 가르침은 변화된 현실, 다시 말하자면 여성이 왜 소중한 존재인가를 담아내지 못하는 공허한 메아리가 되어버렸다.

예전에는 열흘을 걸어서 부산에서 서울까지 갈 수 있었다. 지금은 기차를 타면 몇 시간 만에 서울에 도착하는 시대가 되었다. 요즘 대부분의 발달한 나라에서 '레이디 퍼스트'라고 하여 언제·어디서나 여성들의 인권을 존중해 주고 있다. 그 문명의 바탕에는 하늘이 사람에게 생명을 부여할 때는 귀하고, 천한 것이 없으며, 남자와 여자의 권리 또한 대등하다는 것이 천부인권설이다. 박은식이 여자들에게도 교육을 시켜야한다고 주장한 것은 그들의 잠재능력을 계발하고 국권회복운동에 참여하여야 한다고 생각하였기 때문이다.

박은식은 여성교육 못지 않게 아동교육의 중요성을 강조하였다. 모든 어린이는 학생이 되어야 한다. 어린이가 없으면 온전한 학생이 없을 것이요. 온전한 학생이 없다면 어찌 온전한 국가가 있을 수 있겠는가. 모든 어른들은 어린 시절을 경험하고 지금에 이르렀다. 열심히 살지 못하였던 어린 시절의 기억은 아쉬움으로 남아 있다. 어른이 된 지금 자신이 어린 시절 하고 싶었던 일들을 아이들에게 할 수 있는 기회를 만들어 준다면 어린 아이나 어른 모두 행복하지 않을까. 어린아이가 자라나서 어떤 사람이 될 지는 아무도 모른다. 중요한 것은 어린이에게 꿈을 펼칠 수 있는 기회를 제공하고 그가 능력을 발휘할 수 있도록 도와주는 것이다. 그렇게 하기 위해서는 어린이들이 건강하게 지낼 수 있는 환경을 만들어 주는 것이 중요하다.

육체는 정신을 담는 그릇이다. 그릇이 튼튼해야 내용물을 안전하게 보존할 수 있다. 인간에게 정신과 육체는 모두 소중하다. 육체와 정신을 조화롭게 관리하는 것이 중요하다. 서양 속담에 '건강한 육체에 건전한 정신이 깃든다'는 말이 있다. 어린이들과 청년 학생들에게 육체를 건강하게 관리하는 법과 정신을 건전하게 활용하는 방법을 가르쳐 주는 것은 아무리 강조해도 지나치지 않다. 뿐만 아니라 박은식은 유럽의 교육제도를 살펴보니 장님과 농아·폐질자廢疾者에 이르기까지 모두 교육을 받은 수 있는 체제를 갖추고 있다는 것을 알았다. 그런데 우리나라는 아직 정치가 장애인들에게 교육을 시킬 수 있을 만큼 정비되지 못하였다. 그는 여성과 아동들을 교육시킬 수 있는 제도의 마련이 시급하다고 보았다. 박은식의 이러한 생각은 서양의 천부인권설을 수용하였기 때문에 가능한 것이었다.

실업교육이 나라를 부강하게 만든다

박은식은 남녀노소·빈부귀천·장애인을 막론하고 사회의 모든 계층이 교육을 받아 학문과 지식을 쌓아야 부강한 나라를 건설할 수 있다고 보았다. 그의 이러한 생각은 개인의 발전이 사회발전과 직결되고, 사회의 발전은 국가경쟁력이 될 수 있다는 데서 비롯되었다. 그는 여러 가지 교육이 모두 필요하고 중요하지만 하루아침에 실현할 수 있는 것이 아니라는 것을 잘 알고 있었다. 그렇지만 그는 우리 모두가 교육이 중요하다는 의식을 가져야 하고, 학문은 현실에 유용하게 활용할 수 있는 실용학문이 될 때 효용가치가 높다고 보았다. 그는 부강한 나라를 이루기 위해서는 공장을 건설하고, 사람들이 그곳에 일하는 것을 자랑스럽게 생각할 때 부는 자연스럽게 축적되고 사회는 안정될 수 있다고 보았다.

동양에서 근대화에 성공한 나라의 사례로 일본을 들었다. 일본은 메이지유신 초기에 총명한 인재들을 선발하여 영국·프랑스·독일·미국 등 선진국에 파견하여 실용적인 학문을 배워오게 하였다. 일본 정부는 선진학문을 배우고 귀국한 인재들에게 재능에 따라 임무를 주어 기량을 발휘하게 하였다. 그는 이것이 일본 발전의 원동력임을 알았다. 그는 근대국가를 만들기 위해서는 국민들의 의식 수준이 높아져야 하며 부가 축적되어야 한다고 생각하였다. 쉽게 말해서 돈이 있어야 길도 닦고 공장도 짓고 배를 만들어 외국과 장사도 할 수 있는 것이 아닌가. 돈을 버는 방법은 실업을 양성하는 것이다.

우리가 열강과 경쟁할 수 없는 원인으로 다음과 같은 점들을 거론하였다.

첫째, 학자들이 공론에 빠져 실용학문을 멀리하였다. 조선의 유학자들은 심성을 토론하고 예(禮)를 설명하기 위해 평생을 공부하였지만 현실 문제를 해결하는 데는 등한시 하였다.

둘째, 오랜 세월 과거시험 준비를 해서 관리가 되어 관직에 나가면 백성의 재산을 약탈하는 데 정신이 없었다.

셋째, 아전배들이 관청의 권력을 빙자하여 공물을 도적질하고 백성

김진초의 『과수재배법』

의 재물을 약탈하고 있다.

넷째, 풍수·점술가들이 요상하고 허황한 말을 하여 놀고먹는 자를 방치하였다.

다섯째, 농업을 중시하기는 했지만 기술혁신이나 목축의 이익에 관심을 두지 않아서 농업이 발달하지 못하였다.

여섯째, 쇄국정책으로 다른 나라와 경쟁하지 않아서 근대 실업이 발달하지 못하였다.

박은식은 나라를 구하고 백성을 살리는데 가장 필요한 것은 과학기술에 바탕을 둔 실업을 양성하여 부를 축적하는 것이라고 하였다.

박은식은 해외에서 농업을 공부하고 돌아와 1909년에 『과수재배법』이라는 책을 저술한 김진초金鎭初라는 사람에게 서문을 써달라는 부탁을 받았다. 그는 서문에서 외국의 선진농업 기술을 소개하는 책을 발간한 김진초에게 부강한 나라의 기틀을 이룰 수 있는 기회를 제공하였다고 칭찬하였다. 많은 사람이 그 책에서 기술을 배워 농업을 일으켜야 한다고 하며, 그 책에서 소개하는 과수재배법이 매우 쉽고, 이익도 크다고 하였다. 해외 과일은 품질이 좋고, 훌륭한데 우리나라의 산출이 그렇지 못한 이유로 과일을 재배하는데 외국은 학문과 법이 있어 품질 보증을 받을 수 있지만 우리는 이것이 없기 때문이라고 하였다. 맛있는 과일을 먹기 위해서는 외국의 재배기술을 배워와야 하며 그것이 잘사는 길이라 하였다. 우리나라는 삼면이 바다로 둘러싸여 있기 때문에 통상하기가 쉽고, 토양이 기름져 물산이 자라기에 적합하다. 그런데도 가난을 극복하지 못한 것은 농상의 이치를 실천하지 않았고 기계를 사용하려 하지 않았기 때문이라고 말했다. 우리나라도 자연적인 조건으로 본다면 충분히 개발 가능하므로 하루빨리 서양의 기술을 배워야 한다고 하였다.

박은식은 1636년 하버드 대학의 설립을 미국 교육의 시작으로 보았다. 이후 미국은 전국에 대학을 설립하여 1841년에 16개 주의 학교 소유지가 3조 무畝에 이른다고 하였다. 미국에는 공립학교·사범학교·의학교·법률학교·공예학교·상업학교·대학과 공립학교 등 다양한 학교들이 있다. 이 가운데 상업학교는 경영과 상업상의 법률지식뿐 아니라 여러 가지 제조 기술을 가르치는 까닭에 졸업 후에 사회에 크게 이바지할 수 있다. 공업이 발전하지 못한 까닭은 국민들이 산업에 무관심할 뿐 아니라 천하게 여기는 풍조가 있었기 때문이었다. 우리나라가 부강한 나라가 되지 못한 것은 농사짓는 법과 목축·과수재배에 있어 과학적인 방법을 도입하지 않았고, 공업과 상업에 종사하는 사람을 천시한 데서 찾았다. 이익을 창출하는 경쟁에서 살아남기 위해서는 제품생산 방법을 개선해야 한다. 뿐만 아니라 우리가 국산품을 애용하여야 경쟁사회에서 생산의 확대를 가져올 수 있다. 그리고 유사한 업종에 종사하는 사람들은 서로 간의 일에 대한 정보를 교환할 수 있는 모임이 있어야 한다. 선배의 지식이 후배들에게 전달될 때 보다 쉽게 결과물을 낼 수 있다.

박은식은 서양의 우수한 제품들이 유통되면 우리의 상품은 위기에 처하게 될 것으로 예상하였다. 그러나 우리는 이러한 현상을 위기상황으로 이해하기보다는 개선해야 할 점으로 인식하여야 한다고 역설하였다. 뿐만 아니라 문명이 발달한 민족이 강하게 되면 열등한 민족은 필연적으로 도태되는 것이 보편적인 현상이다. 그러므로 하루빨리 서구의 근대 문물을 수용하여 자강을 이루어야 한다. 그는 산업현장에서 스스로 설 수 있을 때 비로소 안정적인 생활을 영위할 수 있다고 하였다. 이렇듯 그는 과학기술에 바탕을 둔 실업의 발전이 국가 발전의 원동력이라고 인식하였다.

대동사회를 꿈꾸다

박은식은 서양의 증기선과 기차 그리고 대포와 기관총 위력을 보고는 조선의 처지로는 그 어떤 것도 대안다운 대안이 될 수 없음을 알았다. 서양의 침략으로부터 살아남기 위해서는 먼저 의식혁명이 이루어져야 한다고 생각하였다. 그는 서양문명의 두 축을 과학과 종교로 이해하였다. 물질문명의 근원은 과학에 있고, 서구 정신문화의 원류는 기독교에 있다는 것을 알았다. 낙후된 현실을 개선하기 위한 방안은 서구의 과학문명을 배워와야 한다고 하였다. 하지만 정신문화는 유교만 한 것이 없다고 강조했다. 유교는 2,500년 동안 동양사회를 규율하여 왔고 조선 500년 동안 국가를 지탱해 온 이념이었기 때문이다. 그는 우리가 물질문명에는 서구에 뒤졌지만 정신문화에는 앞서 있다고 보았다. 그러므로 유교의 장점을 잘 활용하여야 하며 그러기 위해서는 유림의 혁신이 필요하다고 인식하였다.

이 무렵 일제는 유림계를 친일화하기 위하여 정계 주요 인사들에게 회유 공작을 펼치고 있었다. 이러한 일제의 정책에 호응하여 1907년 이완용·신기선 등 정계에서 활동하던 인사들은 대동학회를 조직하여 유교계 친일화에 나섰다. 대동학회는 신구사상을 조화시켜 유학의 발전을 도모한다는 명분으로 창립되었다. 대동학회는 창립될 때 일본 황태자가 1,000원, 통감 이토 히로부미伊藤博文가 10,000원의 후원금을 내었다. 초대회장으로는 개화파로서 대한제국 학부대신을 지냈던 신기선이 선출되었다. 대동학회는 창립총회에서 다음과 같은 사항을 사업방침으로 확정하였다.

이토 히로부미

- 지식 보급을 위해 학교를 세우고, 이용후생을 위해 실업을 흥기시킨다.
- 회보와 잡지를 발행하고, 도서관을 지어 공중에게 열람의 기회를 제공한다.

일제는 유력한 인사들을 내세운 강연회·총회 등을 개최하여 유림을 친일화하려는 의도를 드러내었다. 1907년 12월 1일에 개최된 총회에서는 이토 히로부미가 참석하여 강연하였고, 이 학회를 발전시킬 책임

서북학회에서 발행한 「서북학회월보」 제1권 제1호의 표지와 제 1권 제10호에 실린 「유교구신론」. 이 논설에는 박은식의 유교개혁론이 잘 드러나 있다.

자로 지목되었다. 대동학회는 일본의 강제병합을 후원하고 지지 세력을 확보할 목적에 있었다. 대동학회는 1909년 10월 '공자교'로 이름을 바꾸어 일진회에 버금가는 친일활동을 하였다. 이처럼 유림계가 친일화되자 박은식은 대동학회의 친일 노선에 대항하기 위하여 장지연 등 뜻 있는 지인들과 함께 '대동교'를 만들었다.

박은식은 서양 여러 나라가 기독교를 믿었기 때문에 국맥을 보전하고 선진국이 될 수 있었다고 보았다. 기독교를 통하여 국민 정신결집을 이루어냈기 때문이다. 그는 우리나라에서 기독교를 대신할 종교로 유교를 꼽았다. 유교가 기독교처럼 번성하지 못한 까닭은 간결하고 분명한 공자의 가르침이 세월이 흐름에 따라 번잡해지고 공론화되었기 때문이었다. 그는 유교를 국교화하여 모든 사람이 신봉할 때 국민정신을 하나로 모을 수 있다고 믿었다. 그는 대동교의 설립 목적을 대동사회를 건설하는데 두었다.

대동교 창립발기회는 1909년 8월 31일 북부 홍현紅峴 이범규李範圭의 집에서 개최되었다. 이날 참석한 사람은 60여 명이었다. 이들은 이용직李容稙을 총장으로 선임하였다. 대동교의 개교식은 공자의 탄신기념일이었던 1909년 9월 11일에 성균관 비천당에서 개최되었다. 박은식은 장지연 등과 함께 주요 구성원으로 참여하였다. 이때 선임된 대동교의 임원들을 살펴보면 다음과 같다.

총　　　장 : 이용직
총　　　사 : 이범규·이윤종李胤鍾
종교부장 : 박은식
교육부장 : 원영의元泳義
편집부장 : 장지연張志淵
장재부장 : 이병소李秉韶
전례부장 : 조완구趙宛九
의사부장 : 신하균申夏均

개교식은 총장 이하 여러 임원을 비롯하여 당시 정계의 관료들과 각계의 명사 200여 명이 참석하였다. 초대 총장 이용직은 전임 학부대신이었는데 그가 다시 학부대신으로 기용되자 김윤식金允植이 총장으로 취임하였다. 대동교는 1909년 11월 14일 의사회를 개최하여 새로 제정된 규칙을 공포하였다.

대동교는 교세를 확장하고 전국에 지부조직을 구성하기 위해서 황성신문사 사장이었던 유근柳瑾을 지방부장으로 선임하고 지속적인 노력을 전개하였다. 창립 당시의 재정상황은 무척 어려웠던 것 같다. 초기 운영비는 임원들과 관료들의 보조금에 의존하는 실정이었다. 이후 재정난이 더 악화되자 일반 회원들에게 매월 10전씩의 월연금을 징수하기에 이르렀다. 대동교 교리의 주요 내용은 공자를 숭상하고 천하 사람들이 모두 함께 인仁을 실천한다는 것이었다. 이는 당시 유행하던 사회진화론의 범위를 벗어나 세계 평화를 지향하고 있었다. 박은식은 대동교 창립식에서 행한 「공부자탄신기념회강연」에서 대동교가 세상에 전파되면 세계가 날로 발전·진화하여 하늘 아래 모든 것은 누구나 공평하다는 천하위공天下爲公의 실현을 볼 수 있을 것으로 전망하였다.

대동교 교세는 1910년에 들어와서 일진회의 끊임없는 회유책과 방해 공작에도 날로 발전하고 있었다. 대동교 측은 교세를 확장하기 위하여 1월 25일부터 회관을 열고 사무원이 집무하면서 교헌발포教憲發布와 서적 저술사업에 착수하였다. 4월에는 대동교 총관總館 내에 강습소를 설치하고 교육사업에 착수하였는데 배우려는 사람이 50여 명이나 되었다고 한다. 교사는 대동교원 가운데 많은 사람이 무료로 담임 교수하였다. 대동교는 이렇게 활발한 활동을 계속하였지만 통감부의 감시와 탄압으로 1910년 8월 국권상실과 함께 해산된 것으로 보인다.

　박은식은 어려서 주자학을 배웠고, 장년에 이르러 실학과 서구의 계몽사상을 접하고 세계평화를 지향하는 사상적 변천과정을 겪게 된다. 그의 세계평화주의는 각 민족이 주체성을 확고하게 지켜지면서 상호 간의 신뢰를 바탕으로 평화공존을 추구하였다. 세계평화가 유지되려면 개개의 민족이 평화를 유지할 수 있는 힘을 가져야 한다. 그러기 위해서는 교육과 식산사업을 통하여 부강한 나라를 이루어야 한다. 그는 사회진화론에 입각하여 이러한 주장을 하면서도 인륜과 도덕성의 회복을 열망하고 있었다. 그의 세계평화주의는 힘에 의한 것이 아니라 도덕성에 기초하고 있었다. 다만 제국주의 열강의 침략으로부터 자존을 수호하려면 반드시 내재적인 역량 비축이 필요하다는 인식을 가지고 있었다.

05 만주에서 부활시킨 영웅들

국권상실 이후 만주로 망명하다

박은식은 1910년 일본이 조선을 강제로 병합하는 과정을 언론사의 기자로서 지켜보아야 하였다. 그는 국권을 상실한 순간 살아있다는 것이 비참하게 느껴졌다. 일제의 침략에 맞서 항거하다 장렬하게 순국한 친구들과 선후배들의 얼굴이 떠올랐다. 그들에게 너무도 부끄럽고 미안한 생각이 들었다. 이제 이 땅에서는 예전 같은 글을 쓸 수 없고 글을 쓰더라도 발표할 곳이 없어졌다. 모든 출판물은 인쇄하기 전에 사전 검열을 받아야 했다. 국학을 소개하는 문헌들이 압수·소각당하자 박은식은 해외 망명 계획을 세웠다. 그가 왜 망명을 결심하게 되었는가는 다음과 같은 말에서 잘 알 수 있다.

"국체가 비록 망하더라도 국혼이 살아 있으면 부활이 가능한데 지금 국혼인 국사책마저 소각당하니 통탄한 마음 금할 수 없다. 말 한마디, 글자 한 자를 자유롭게 말하고, 쓸 수 없으니 해외로 나가 4천 년 역사의 문헌을 모아 편찬하는 것이 우리 민족의 국혼을 유지하는 유일한 방법이다."

박은식은 독립운동을 계속하려면 중국으로 망명하는 길 밖에는 선택의 여지가 없었다고 보았다. 망명을 결심한 박은식은 주변을 정리하고 가까운 사람들을 찾아보기 시작하였다. 나라가 망한 시점에 딱히 정리할 것도 없었지만 한 가지 어려운 문제가 있었다. 그것은 21살에 결혼하여 30년을 함께 살아온 부인 차씨가 병석에 누워 있었기 때문이다. 그는 아내와 30년을 살면서 호강 한 번 시켜준 적이 없었다. 아내는 갖은 어려움 속에서도 꿋꿋하게 지금까지 불평 한마디 하지 않고 살아준 고마운 사람이었다. 그는 병세가 이렇게 위중한 상태에 이르도록 제대로 병원 한 번 데려가 보지 못했다. 움직이기가 불편한 아내는 함께 망명길에 오르려 하지 않았다. 이듬해 4월 오랜 세월 동안 병석에 누워 있던 차씨는 결국 세상을 떠나고 말았다.

"산다는 것이 끝내는 이처럼 허망하게 끝나고 마는 것을 ……."

박은식은 나라를 잃은 슬픔도 적지 않은 데 아내마저 눈물로 떠나보내야 하였다. 벌써 그의 나이 53세였다. 앞으로 얼마를 더 살 수 있을 지도 모르는 일이지만 그는 필생의 과업 같은 것을 짊어지고 있었다. 그는 글을 쓰는 사람이었다. 글을 쓰는 그가 할 수 있는 일이란 일본이 얼마나 잔혹하게 조선을 병탄하였는지, 일본의 침략에 저항한 동지들의 행적이 얼마나 장엄하였는지를 글로써 후세에 알리는 것이었다. 아내가 세상을 떠난 지 한 달 뒤 그는 서울을 떠나 중국 만주 서간도로 망명길에 올랐다. 그의 발길은 환인현桓仁縣 흥도구興道區로 향하

윤세복. 대종교 제3대 교주로 그는 만주 지역에서 교민들의 단합과 대종교 전파에 노력하였다.

였다. 박은식은 자신보다 몇 달 전에 그곳에서 정착하였던 대종교 시교사施教師 윤세복尹世復의 집으로 찾아갔다. 윤세복은 경남 밀양 출신으로 본명이 세린世麟이며, 호를 단애檀厓라고 하였다. 그는 밀양 신창중학교와 대구 협성중학교에서 교직 생활을 하였다. 1909년 백산 안희제 권유로 동년에 결성된 비밀결사 단체인 대동청년당에 가입하여 독립운동을 하였다. 윤세복은 국권을 상실한 이후 밀양 부북면에서 부농이었던 가산을 전부 정리하여 서간도 환인으로 이주하여 동창학교를 세웠다. 그는 민족종교인 대종교를 통하여 독립운동에 헌신하였다. 후에 윤세복은 홍암 나철과 김교헌에 이어 대종교 3대 교주가 되었다. 그는 대종교에 귀의한 이후 평생 개인 재산을 가져 본 일이 없이 교당 내에서 생활하였다고 한다.

윤세복은 먼 길을 찾아온 박은식을 반갑게 맞이하였다.

"어서 오십시오, 선생님."

"잘 지내셨는가?"

"네. 덕분에, 먼 길에 고생 많으셨습니다."

"이까짓 것이야 무슨 고생이라고 할 것이 있나, 이국땅에서 단애야말로 고생이 많으시네. 그나저나 여기서 당분간 신세를 좀 져야겠네."

"그럼요. 책도 쓰시고, 강의도 하시고, 계시고 싶을 때까지 계세요."

"고맙네."

윤세복은 박은식의 두 손을 덥석 잡고 형제처럼 반갑게 맞아 주었다.

윤세복은 박은식보다 22살이나 어렸지만 학문이 깊고 친화력이 강하여 많은 독립운동가를 모여들게 하였다. 박은식도 윤세복의 사람됨에 감탄하고 있었다. 윤세복과는 국내에 있을 때 몇 번 만나 의기투합하여 나라의 앞날을 함께 걱정한 인연이 있었다. 이튿날부터 박은식은 대종교 교당에 머물면서 교리를 공부하기 시작하였다.

대종교는 우리의 건국신화 속에 나오는 환인·환웅·환검을 신봉하는 종교이다. 환인은 우주·인간·만물을 주재하는 조화신이며, 환웅은 널리 인간 세상을 구제하기 위하여 구름·비·바람 등을 관장하는 신들을 거느리고 백두산으로 내려온 신이다. 환웅은 청동거울·청동방울·청동검의 천부인天符印을 가지고 와서 교화를 베풀었다. 환검은 기원전 2333년 10월 3일에 이 땅에 살고 있던 민중들의 추대로 임금이 되어 최초로 고조선을 세운 단군왕검을 가리킨다. 대종교의 신앙 대상은 조화신 환인·교화신 환웅·단군왕검인데, 이들은 객체적인 세 신이 아니라 하나의 신이 세 가지의 작용으로 나타난 삼신일체의 한얼님, 즉 하느님이다. 대종교는 한민족이 하느님의 자손이고 환인이 우리 조상의 천부天父라는 사상을 가지고 있다. 이 천부사상은 천신, 곧 하느님이 나를 낳아 주신 생부라는 사상이기 때문에 한민족은 하느님의 피를 받은 천손天孫이라는 것이다. 이러한 사상 체계를 가진 대종교는 일제시대 만주로 교당을 옮겨 독립운동을 주도하고, 중국으로 망명한 교포들 사이에 큰 영향력을 행사하였다.

박은식은 민족의 고유사상으로 구성된 대종교에 쉽게 귀의하였다.

대한제국 말기에 대동교를 만들어 나라를 구하고자 하였던 그가 대종교에 귀의한 것은 대종교가 민족정신에 바탕을 두고 독립을 추구하였기 때문이다. 그는 민족정신과 근원을 찾으려면 단군에 뿌리를 두어야 한다고 생각하였다. 그곳에서 각지에 흩어진 고전과 사서를 조사·연구하여 고대 영웅들의 행적을 밝히는 역사서를 저술한 이유도 이와 무관하지 않다.

민족영웅들을 부활시키다

박은식은 환인현 홍도구 대종교 교당에 머물면서 우리 고대사에서 찬란한 업적을 남겼던 영웅들의 전기를 집필하였다. 그 책들은 『천개소문전泉蓋蘇文傳』·『명림답부전明臨答夫傳』·『발해태조건국지渤海太祖建國志』·『몽배금태조夢拜金太祖』·『대동고대사론大東古代史論』·『단조사고檀祖事攷』·『동명성왕실기東明聖王實記』 등이 그것이다. 이 가운데 『동명성왕실기』는 아직까지 찾지 못한 책이므로 제외하고 나머지 책들의 주요 내용을 간략하게 소개하고 그 의미를 짚어보고자 한다. 이 책들은 모두 등사본으로 박기정朴箕貞이라는 필명으로 발표되었으며, 윤세복의 교열을 거쳐 발간되었다. 대부분은 윤세복이 운영하던 동창학교의 교재로 사용되었다.

박은식은 『천개소문전』에서 천개소문의 영웅적 자질을 다음과 같이 묘사하였다.

천개소문은 우리가 잘 알고 있는 연개소문의 또 다른 이름이다. 그는 영

「천개소문전」. 박은식은 천개소문의 기상을 소개하면서 청년들 가운데 천개소문과 같은 영웅이 나오기를 기대하였다.

류왕 때 사람으로 동부대인의 아들이다. 키가 9척이 넘고, 눈동자가 빛나 사람들이 감히 바라보지 못하였고, 구레나룻의 길이가 3척인 까닭에 당나라 사람들이 그를 구레나룻 털보라 하였다. 원래 큰 뜻을 품었던 개소문은 고구려 조정에서 십부대인들이 개소문의 용맹과 칼 쓰는 솜씨를 꺼려서 은밀히 상의하여 해치려고 하였다. 개소문이 이를 알아채고 일거에 모두 죽여 없애버리니 천지가 놀라고 산천이 전율하였다. 영류왕 또한 참화의 소식을 듣고 좌우 신하와 더불어 개소문을 처치하려 하자 개소문이 영류왕을 죽이고 조카 장藏을 세우니 이가 보장왕寶藏王이다.

박은식은 천개소문과 양만춘의 사람됨을 이렇게 표현하고, 오늘 이런 영웅들이 다시 나타나 주기를 갈망하였다.

땅의 대소와 백성의 많고, 적음을 말하자면 당나라는 태산이요, 고구려는 한 주먹이었다. 개소문의 담력으로 보자면 크고, 작음과 많고 적음이 처음부터 문제가 되지 않았다. 개소문이 비록 중원 천자의 자리는 당태종에게 양보하였지만 십만철기로 요동 벌판에서 자웅을 가리는 일에는 결코 그에게 뒤질 것이 없었다. 당태종이 30만 병력을 동원하여 고구려를 쳐들어 왔다. 당나라 대군의 침략에 맞서 고구려의 전선을 총괄 지휘하는 사람은 대막리지 개소문이었다.
고구려에는 개소문도 어찌할 수 없는 용맹한 장수가 또 한 사람이었으니 그는 안시성 성주 양만춘이었다. 영류왕 말년 개소문이 십부대인을 죽이고 보장왕을 옹립한 다음 맹위를 떨칠 때 고구려의 모든 성주들은 개소문의 휘하로 들어왔으나 안시성만은 예외였다. 개소문이 여러 차례 군사를 보냈으나 안시성을 굴복시키지 못하였다. 그로 인해 양만춘에게 안시성을 주고 자주권을 보장해 주었다. 양만춘은 당나라 대군을 맞이하여 백여 차례의 전투를 치르면서 끝내 대승리를 거두었으니 이는 안시성으로 독립국을 이룬 셈이었다. 고구려는 개소문과 양만춘이 있는 한 두려울 것이 없었다. 그러나 개소문이 세상을 떠나자 마침내 고구려는 멸망하였다. 그 후 몇 백 년, 몇 천 년이 지나도록 해동천지에 개소문과 같은 영웅이 나타나지 않았다. 오늘 우리 민족의 역사로 하여금 부활하게 한 자는 반드시 영웅 그 사람이다.

박은식은 천개소문의 사람됨을 당나라 태종보다 뛰어난 영웅으로 묘사하고 있으며, 당나라의 대군을 맞이하여 대승을 거둔 것을 개소문과 고구려인의 기상으로 평가하였다. 여기에 양만춘까지 언급하여 고구려에 영웅이 많았다는 것을 보여주고 있다. 이처럼 박은식은 오늘 우리가 처한 위기를 극복하기 위해 불세출의 영웅을 간절히 기다리고 있었다. 이러한 바람은 그의 다음과 같은 말 속에 더욱 잘 드러난다.

"과거 영웅은 숭배할 만하고, 현재 영웅을 갈망하도다."

박은식의 영웅대망론은 이 시기 그가 쓴 고대사의 영웅전 도처에서 나타난다. 『명림답부전』은 고구려의 충신인 명림답부가 탐욕에 빠져 왕위를 찬탈한 수성왕을 축출하고 새로운 신대왕을 옹립하여 평화로운 세상을 만든다는 단편 전기 소설이다. 명림답부는 고구려 5부족 가운데 하나인 연노부 출신의 고위 관료로 90세가 넘도록 관직에서 국가를 위해 헌신한 충신이다. 그는 고구려의 국교인 선교仙敎의 고위직인 조의두대선사皂衣頭大仙師라는 관직에 있었다. 조의두대선사는 하늘에 제사를 지낼 때는 왕에 버금가고, 정사를 논할 때는 중대한 결정에 참여하는 중요한 신하이다. 교육에서는 스승의 지위가 되며 각 주와 성에는 대선大仙을 두고 그들을 총괄하는 요직이었다. 그는 고구려 백성들의 정신적 단합과 국가의 원기배양에 기여한 원훈元勳일 뿐 아니라 국가가 위기에 처하였을 때 구국운동에 앞장 선 충신이었다.

명림답부는 옛 졸본 부여 출신으로 근면하고 음덕을 많이 베푼 사람이었다. 명림답부가 관직에 있을 때 태조왕의 동생인 수성왕은 명예욕과 탐욕에 빠져 왕위를 찬탈하였다. 수성왕은 20년 동안 갖은 횡포를 부리며 정권을 농단하였다. 그런 까닭에 백성의 원성이 끊이지 않았으며, 국고는 바닥이 나고 있었다. 사태가 이렇게 되자 명림답부는 의군을 모아 봉기하여 태조왕의 아들 신대왕을 옹립하고 자신은 재상의 직위인 상가相加에 올라 신대왕을 보좌하면서 선정을 베풀었다.

박은식은 『명림답부전』을 통하여 정의는 결국 승리한다는 것을 보여주고자 하였다. 이것은 무도한 일본의 조선지배는 결국 불행한 종말을 맞게 될 것이라는 점을 경고했다. 그는 국권을 상실한 이 위기 상황을 타개해 줄 명림답부와 같은 영웅이 나타나 주기를 간절히 바라고 있었다. 이러한 역사의식은 『대동고대사론』에 이렇게 나타난다. 박은식의 다음과 같은 말에서 『대동고대사론』의 집필 의도를 알 수 있다.

민족이 있은 이후에 역사가 있으니 역사가 없으면 민족도 없게 된다. 역사란 민족의 정신을 말하는데 먼저 조국의 역사가 있고 그 후에 애국정신이 있게 되며 동족의 역사가 있어야 민족을 사랑하는 정신이 있게 된다. 독립적인 역사가 있어야 독립적인 정신이 있게 되며 자존의 역사가 있어야 자존의 정신이 있게 된다. 이 때문에 신성한 민족은 꼭 신성한 역사가 있는 법이다.

「대동고사론」

이 책은 우리 청년들에게 신성한 민족의 역사를 알려주고 자긍심을 가지게 하여 독립을 이루기 위한 원동력이 되게 한다는 박은식의 의도가 담겨 있다.

박은식은 우리 역사의 무대가 백두산을 중심으로 남북 만주와 한반도에 걸친다고 보았다. 그는 『대동고대사론』의 책 제목 중, 대동이라는 글자 밑에 '능칭만한能稱滿韓'이라고 썼다. 능칭만한은 '만주와 한반도'라는 뜻으로 우리 역사 무대가 만주와 한반도를 포함한다는 의미이다. 이것은 종래 우리 고대사의 서술이 한반도에 국한되었던 것을 뛰어넘어 만주를 우리 역사의 무대로 포함한 것이다. 대동민족은 단군조선에서 기원하고 그 후 부여·예·맥·숙신·옥저·고구려·발해·백제·신라 등 여러 나라와 동족들이 만주와 한반도에 터전을 두고 건국하였다. 대동민족에는 신성한 정신이 있고 그 정신은 역사로 기록되어 남아 있다. 박

65

은식은 이 신성한 민족의 찬란한 정신과 위대한 역사를 밝혀 동포·형제들에게 우리 민족의 자랑스러움을 전해 주고자 이 책을 저술했다.

『발해태조건국지』 또한 우리 고대사의 맥을 전하는 역사책이다. 박은식은 우리 고대사의 맥이 고조선에서 고구려로 이어졌다고 보았다. 대동민족은 단군을 시조로 하는 고조선을 건국하였고, 그 영역은 만주와 한반도에 걸쳐 있었다. 2천 년 동안 지속되어 오던 고조선은 한나라의 침입으로 망하게 되었고 그 영토에 한사군이 설치되었다. 이민족의 침입으로 나라를 잃은 대동민족이 남하하여 세운 나라가 고구려이다. 고구려는 우리 역사 가운데 가장 강한 자주 독립국으로서 면모를 과시하였다. 그러나 700여 년간 대제국을 유지하던 고구려가 내분을 겪는 틈을 타 당나라와 연합한 신라에 의해 망하고 말았다. 이로써 우리 민족의 역사는 다시 단절하는 운명을 맞이하였고 시련이 가중되었다. 이 참담한 시기에 고구려 장수 대조영은 고구려 유민들의 염원을 수렴하여 발해를 건국하였다. 발해가 건국되어 고구려 옛 영토는 회복되었고, 대동민족은 다시 회생할 수 있었다. 대조영은 단군조선의 땅과 고구려의 땅을 회복함으로써 고구려 부흥을 꿈꾸었다.

박은식은 대조영의 씩씩하고 웅혼한 기상을 많은 사람에게 알려 주고 싶었다. 두만강과 압록강 너머 서간도를 중심으로 남북 만주까지 넓은 영토는 고구려와 발해의 땅이었다. 발해가 망한 후 천 년이 지나도록 이 땅을 경영하려는 의지를 보인 자가 아무도 없었다는 것은 애석한 일이라고 탄식하였다. 이러한 원인은 발해사 연구가 부족하여 발해가 우리 역사라는 인식이 투철하지 못한 데서 비롯되었다. 그는 일본이 침략

夢拜金太祖

序

宇宙가 廣邈ᄒᆞ고 萬象이 森羅ᄒᆞ니 大化가 流行에 以氣相吹
라 其性能이 最靈ᄒᆞ고 動力이 最大ᄒᆞ 者ᄂᆞᆫ 命之曰人이오 人
類社會에 處ᄒᆞ야 地位가 最高ᄒᆞ고 勢力이 最大ᄒᆞ 者ᄂᆞᆫ 兩
個大家가 有ᄒᆞ니 曰宗教家와 政治家오 此兩家地位에 處ᄒᆞ야
迭相宣戰ᄒᆞ며 迭相承勝ᄒᆞ야 世界를 指揮ᄒᆞ고 權利를 主持
ᄒᆞᆫ 者ᄂᆞᆫ 义 兩個 巨物이 有ᄒᆞ니 ᄅ 强權專制者亡 一曰自由
平等者라 宗教家로 論ᄒᆞ면 波羅門教의 專制權을 對ᄒᆞ
야 釋迦牟尼가 平等主義로써 戰ᄒᆞ고 羅馬教皇의 專制
力을 對ᄒᆞ야 馬丁路得이 自由主義로써 戰ᄒᆞ얏스며 政治

「몽배금태조」. 박은식은 「몽배금태조」에서 독립은 스스로의 힘으로 쟁취하는 것이라고 강조하였다.

하여 민족사가 단절된 그 시대에 발해 건국의 의미를 부각시켜 우리 역사에 활력을 불어넣고자 하였다.

『몽배금태조』는 1911년 10월 3일 개천절 밤 꿈에 백두산 정상에서 무치생이 금나라 태조를 만나 대담하는 형식으로 쓰인 역사소설이다. 『몽배금태조』는 배경 설정부터 심상치 않다. 10월 3일은 고조선이 건국된 개천절이고, 백두산은 우리 역사가 시작된 곳이다. 개천절을 맞아 백두산에서 무치생은 망국의 원인을 진단하고 국권회복 방안에 대하여 금태조에게 해법을 듣는다. 문답 형식으로 기록된 『몽배금태조』에서 질문하는 무치생은 바로 박은식 자신이다. 금나라는 만주 땅에 여진족이 세운 나라이다. 『몽배금태조』에는 만주는 옛 고구려의 땅이며, 만주족도 단군의 자손이라는 의식이 담겨있다. 금태조는 조선 현실의 안타까움을 다음과 같이 말한다.

> 조선은 나의 부모 나라요. 그 민족은 나의 동족이다. 나는 지금 천국에 있어 인간 세상의 일은 직접 간섭함이 없으나 착한 사람을 상주고, 나쁜 사람을 벌주는 밝음으로 아래 세상을 관찰해 보니 현재 조선민족의 고통스러운 정황을 보니 몹시 측은한 바가 있도다. 하늘은 스스로 강한 자를 사랑하고, 자포자기하는 자를 싫어하니 …….

박은식은 금태조의 입을 통해 조선이 받는 고통은 안타깝지만 하늘이 어떻게 해 줄 수 있는 사안이 아니라고 말한다. "하늘은 스스로 돕는 자를 돕는다"는 말과 같이 하늘은 자신의 운명을 개척하려고 노력하는 자를 도와줄 뿐이라는 것이다. 결국 조선의 독립은 조선 사람의 힘으로 이루어 내야 한다는 것을 강조하고 있다.

이에 무치생은 힘 센 자만이 살아남는 강자의 논리에 이의를 제기하였다. 열강의 침략주의 앞에 성인의 자비와 인자함이 무슨 소용이 있느냐는 문제 제기이다.

어찌하여 세상의 문명이 발달하면 할수록 경쟁이 더욱 살벌해져서 국가경쟁·종교경쟁·민족경쟁이 치열해져서 전쟁이 끊이지 않는가. 100년 전의 대 전쟁을 지금 보면 아이들의 놀이처럼 되어버렸고, 10년 전의 대 전쟁은 지금 아이들의 연극에 불과하다. 소위 평화재판이니, 공법담판公法談判이니 하는 것은 강자의 이용물에 불과하게 되었다. 상제上帝의 일시동인一視同仁과 성인의 만물일체에 대하여 유감이 없을 수 없다.

박은식의 질문에 대해서 금태조는 이렇게 답변했다.

세계 사람들의 생활정도가 옛날의 정도로는 중고시대에 적응하기 어렵고, 중고시대의 정도로는 현시대에 적응할 수 없다. 그런 까닭에 적자생존이라고 한다. 만일 이 시대를 살면서 구시대의 정도를 변화시키지 못하고 적절한 방법을 구하지 아니하는 자는 천지진화의 예를 거역하여 도태되는 화를 면치 못할 것이다.

하늘이 사람을 낳을 때 직분의 권리를 동양과 서양, 황인종과 백인종에게 똑같이 부여하였으니 다른 사람이 능히 해내는 것을 못할 리 없다. 하늘이 복을 내리셨다고 해도 만약 사업을 이루지 못한다면 하늘이 내리신 복을 거절하는 것이다.

박은식은 사람들에게 시대 변화에 적응할 수 있어야 하며, 모든 일에 정성을 들이고 최선을 다하는 자세를 가져야 한다고 말하였다. 하늘이 부여한 능력에는 크게 차이가 없지만 그 능력을 어떻게 사용하느냐에 따라 크게 달라질 수 있다. 어렵지만 할 수 있다고 생각하고, 계획을 세우고, 차근차근 진행한다면 그 과정에서 또 다른 가능성이 열리게 되고 마침내 이루어낼 수 있다. 처음부터 어렵다고 생각하고 시도조차 하지 않는다면 결코 성취해 낼 수 없다. 박은식은 처음부터 끝까지 우리 민족이 역량을 계발하고 노력한다면 반드시 독립을 이루어낼 수 있다고 말한다.

무치생은 금태조에게 다시 이 세상에 태어나 제국주의를 정복하고 평등주의를 실천할 수 있는 나라를 만들어 달라고 간청하였다. 금태조는 이 간청에 대하여 이렇게 답하였다.

지난 날 열국간의 전쟁이 그칠 날이 없게 되자 묵자墨子는 침략전쟁을 반대하는 비공론非攻論을 주장하였다. 서구에서는 황제의 압제가 심해지자 루터의 자유설이 설득력을 얻게 되었다. 군주의 전제가 심해지자 루소의 민약론이 나타났으며, 여러 나라의 압력이 더욱 심해지자 워싱턴의 자유주의가 일어났다. 이것이 또 한 번 변하여 다윈이 진화론을 주장하자 소위 제국주의가 둘도 없는 가치가 되어 남의 나라를 멸망시키고 그 종족을 멸하는 것이 당연한 법인 것처럼 되었다. 이에 따라 세계가 전쟁의 도가니로 빠져들면서 그로 말미암아 극도로 비참하게 되었으니 진화라는 관점에서 보더라고 평등주의가 부활할 시기가 멀지 않았다. 지금은 강권주의와 평등주의가 바뀌는 시기이다. 이러한 때 대동민족은 강권주의의 압력을 심하게 받고 있다. 하지만 장래 평화주의의 깃발을 높이 들고 세계를 호령할 자가 대동민족이 아니고 누구이겠는가. 너는 짐의 이러한 뜻을 청년들에게 알려서 개개인이 모두 영웅의 자격을 갖추고 영웅의 사업을 스스로 위임받아 평등주의의 선봉이 되기를 스스로 결심하도록 하라. 그러면 짐이 옥황상제께 특별히 간청하여 그 목적이 성취될 수 있도록 할 것이니 너는 이것을 십분 명심하라.

무치생은 다시 금태조에게 일본의 침략으로 핍박당하는 우리 민족을 구원해달라고 요청하였다. 이 요청에 금태조는 "영웅을 기다리지 말고 너희들 모두가 영웅이 되라. 자신의 문제는 스스로 해결해야 한다"고 하였다. 또 조선민족이 일제의 압박과 수탈에 저항하여 투쟁할 때 반드시 외부에서 호응할 것이며 간절한 소망은 반드시 이루어질 것이니 부지런히 힘쓰라고 당부하였다.

무치생과 금태조의 대화는 일제와 투쟁할 때 조선인들이 단결하여야만 독립을 쟁취할 수 있다는 것을 가르쳐준다. 이 막중한 과업을 이루기 위해 모든 국민 각자가 자신이 처한 위치에서 최선을 다하는 것이 곧 그 답이라는 것이다. 박은식은 많은 사람에게 이 사실을 전하여 공감을 얻고자 하였다.

『단조사고』는 단군과 고조선에 대한 새로운 해석을 시도한 저술이다. 이 책은 강목체로 편찬되었다. 강목체는 역사서술의 한 형식으로 주요한 사항에 대하여 먼저 그 요지를 간략하게 기록하고 그 밑에 간략한 세부 내용을 서술하는 방법이다. 이러한 서술의 특징은 전근대사회의 역사서술에서 관련된 특정사건을 선정하여 목과 주에서 설명하는 까닭에 각종 문헌이나 전거를 광범위하게 인용할 수 있다는 장점이 있다. 이 책은 내·외편으로 구성되어 있다.

내편은 단군의 탄생(1909년 현재 4366년)부터 승천한 경자(庚子)년인 217년까지 사적을 19개 항목으로 기록하였다. 외편은 역대 역사책에서 단군을 숭상하여 받들고 남아 있는 풍속이 오래 전해진 것을 모아 저술하였다. 단군 사적 7개 항목과 유속으로 전해오는 단군에 관한 항목 10개 모두 17개 항목으로 구성되었다.

내·외편을 막론하고 한국고대사에서 단군에 관한 주요한 새로운 논점이 제기되어있다. 그중에서도 『삼국유사』이래로 거론되어 왔던 환인·환웅·단군의 삼세설이 단군설로 통일·정립되는 견해를 확립하였다. 둘째는 개국의 할아버지로서 단군의 위상을 정립시켰다. 셋째는 단군 편년을 4300년으로 비정하고 그 영역을 백두산을 중심으로 남북 만주의 요서·요동까지 확대하였다. 넷째는 단군이 동방 백성의 시조라는 관념을 확정하였다. 따라서 배달겨레와 대동민족으로 표현되는 단군의 자손들은 예·맥·북부여·옥저·숙신까지 넓혀 발해와 금나라 부족이었던 숙신과 여진족까지 포괄하는 대담한 주장을 펼쳤다.

박은식은 1915년 상하이에서『한국통사』와『안중근』을 간행한 후에

『이순신전』을 집필하였다. 박은식은 광둥廣東 공교회장 린제리林澤豊가 세운 『사민보四民報』의 주필로 활동하였다. 그가 주필로 활동했을 때인 1921년 11월 20일부터 12월 말까지 『사민보』에 『이순신전』을 연재하였다. 이 책은 1923년 임시정부 기관지였던 『독립신문』을 발간하던 독립신문사에서 단행본으로 간행되었다.

현재 이 『이순신전』은 구할 수 없다. 다만 1941년 광복군 기관지인 『광복』 제1·2권에 '박백암유전朴白巖遺傳'으로 서문과 본문 중 제1장에서 제16장까지 전재되었다. 박은식은 이순신을 고금 수군의 으뜸가는 위인으로 칭송하였다. 세계에서 철갑선을 제일 먼저 주조한 해군의 수장이며, 아울러 동양의 진정한 영웅이었다는 점에 초점을 맞춰 서술하였다.

박은식은 국권을 상실한 다음해 중국 만주로 망명하여 윤세복이 운영하던 대종교 교당에 머물면서 우리 역사에서 찬란한 업적을 남겼던 영웅들의 위엄을 저술하였다. 참고할만한 책과 자료들이 부족한 상황에서 이 영웅전들을 집필한 것은 청소년들에게 민족사에 대한 자긍심을 심어주기 위한 것이었다. 나아가서 청소년들로 하여금 자랑스러운 민족사를 되찾겠다는 의지를 심어주고자 하였다. 박은식은 청소년들에게 우리의 독립은 우리 손으로 이루어내야 한다는 의지를 심어주고자 하였다. 인간의 능력은 무한하므로 청년기에 뜻을 세워 노력하는 사람이 있다면 그는 민족의 영웅이 될 것이다. 박은식은 오늘 망국의 현실을 극복할 영웅을 만들기 위해 앞서간 영웅들의 행적을 그려내고자 했던 것이다.

06 『안중근전』을 집필하다

하얼빈 의거를 알리다

박은식은 1909년 10월 26일 하얼빈 역에서 한국 침략의 원흉 이토 히로부미를 사살한 안중근 의사의 전기 『안중근』을 1915년 상하이 대동편역국에서 간행하였다. 창해로방실滄海老紡室이라는 필명으로 출간한 이 책의 제시題辭에는 몇몇 중국인의 휘호를 실었다. 박은식은 17살 무렵 고향에서 교류의 폭을 넓히기 위해서 신천군에 있던 안중근 의사의 부친 안태훈과 교류한 적이 있었다. 그런 까닭에 안중근은 박은식에게 아들뻘이었다. 나이는 비록 아들과 비슷하였지만 안중근이 이루어낸 일은 위대한 것이었다. 박은식은 『안중근전』을 쓰면서 상당히 정성을 들였다. 이 책의 「서문」·「선록選錄」·「부록」 등에 중국의 저명인사 102명의 글을 실어 책의 무게를 더 하였다.

박은식은 젊은 영웅 안중근의 행적에서 대한 남아의 기상을 보여주었다. 그는 안중근의 그 기상을 잃어버린 조국의 모든 청년들에게 심어

주려는 뜻을 이 책에 담았다. 박은식이 저술한 『안중근전』의 내용은 대략 다음과 같다.

군대해산 이후 안중근은 의병을 일으키려 하였으나 도처에 일본의 감시망이 삼엄하여 뜻을 이루지 못하고 연해주로 망명하여 후일을 도모하고자 하였다. 안중근은 1909년 10월 이토 히로부미가 만주 시찰을 온다는 소식을 듣고 침략의 원흉을 응징하기로 마음먹었다. 기차가 정차하는 전략적 요지인 채가구蔡家溝에는 우덕순禹德淳·조도선曹道先을 배치하고, 하얼빈은 자신이 맡기로 하였다. 유동하劉東夏는 통역과 두 공격 지점 사이에 연락을 담당하도록 했다. 만약 이토가 탑승한 특별열차가 채가구에 정지하면 우덕순과 조도선이 기차에 뛰어올라 이토를 저격하기로 하였다. 만약 이것이 실패하면 종착지인 하얼빈 역에서 안중근이 이토를 저격하기로 약속하였다.

안중근

안중근은 26일 오전 9시경 하얼빈 역에 도착하여 이토를 기다리고 있었다. 기차가 도착하고 열차에서 내린 이토는 러시아 대신들과 악수를 나눈 뒤 의장내를 사열하였다. 이 순간 안중근은 의장대 앞으로 뛰어나가며 브라우닝 8연발 권총으로 이토의 어깨 부분을 조준했다. 발사한 네 발 가운데 세 발이 정확하게 명중되었고, 이토는 그 자리에서 쓰러졌다. 안중근은 이토의 얼굴을 알지 못하였다고 한다. 당시 상황으로 보아 의장대를 사열하는 사람이 이토라는 것을 직감적으로 알기는 하였지만 자신이 없었다. 안중근은 무리 가운데 가장 의젓한 걸음걸이로 앞서 가

안중근 의사가 하얼빈 역에서 이토 히로부미를 처단한 의거 장면 삽화

는 자를 향해서 세 발을 발사하였다. 이 사격으로 이토를 수행하던 하얼빈 총영사 가와카미 토시히코川上俊彦, 궁내대신 비서관 모리 타이지로우森泰二郎, 만철滿鐵 이사 다나카 세이타로우田中淸太郎 등에게도 중경상을 입혔다. 이어 제8탄을 발사하기 전에 그는 러시아군에 의해 제지되었다. 이때 안중근은 러시아 말로 "코레아 우라(대한 만세)!"를 소리 높이 외치고 태연하게 체포되었다.

안중근은 심문하는 러시아 검사의 질문에 이렇게 답하였다.

"나는 대한국인이다. 이토는 우리 독립을 약탈하고 우리 민족을 살육하였다. 나의 이번 행동은 우리나라 독립을 회복하고 우리 민족을 보호하며 철천지원수에게 복수하기 위한 것이다."

안중근은 끝까지 차분하고 당당하였다. 마치 오랜 시간 준비해 온 답변을 담담하게 말하는 것 같았다. 일본인들은 안중근을 굴복시킬 수 없었다. 법원장 마나베 주죠眞鍋十藏는 동경으로 건너가 정부의 지시를 받고 여순으로 돌아와 공판을 열었다. 마나베는 외국인 방청객이 참석하는 것을 두려워하여 공판을 급하게 열었다. 그러나 외국인 방청객들은 어떻게 알고 찾아와 많은 자리를 메웠다.

일본인 법관이 안중근에게 물었다.

"무엇 때문에 이토 공을 살해하였는가?"

"일본과 러시아가 전쟁하였을 때 일본 천황은 조서를 천하에 선포하기를 한국의 독립을 보존한다고 하였다. 우리나라 사람은 모두 감동하고 믿었다. 어찌 황제가 명백하게 선언하였는데 천하를 기만할 수 있는가. 이것이 어찌 귀황제의 뜻이겠는가. 이것은 이토가 공을 탐내어 조작한 것이다. 나는 대한 의병 참모장이며 대장은 관동 사람 김두성이다. 군대를 모아서 전투를 준비하였다. 또 군함을 사서 해항海港으로부터 남하하여 현해탄 요충에서 이토를 격살하고 우리 독립을 회복하려 하였다. 마침 이토가 하얼빈에 온다는 소식을 듣고 내가 혼자 가서 죽였다. 나는 적국에 포로가 된 몸이니 포로로서 대우하여야지 형사 피고자로 대우함은 부당하다."

재판에 임하는 안중근의 태도는 도도하고 당당하였다. 박은식은 안중근이 법정에서 이토의 15개 대죄를 성토하니 낯빛이 변하지 않는 방청객이 없었다고 전한다. 안중근이 제시한 이토 히로부미의 15개 죄목은 다음과 같다.

- 한국 민황후를 시해한 죄
- 한국 황제를 폐위시킨 죄
- 5조약과 7조약을 강제로 체결한 죄
- 무고한 한국인을 학살한 죄
- 정권을 강제로 빼앗은 죄
- 철도·광산·산림·천택을 강제로 빼앗은 죄
- 제일은행권 지폐를 강제로 사용한 죄
- 군대를 해산시킨 죄
- 교육을 방해한 죄
- 한국인들의 외국 유학을 금지한 죄
- 교과서를 압수하여 불태운 죄
- 한국인이 일본인의 보호를 받아야 한다고 세계에 거짓말을 퍼뜨린 죄
- 현재 한국과 일본 사이에 경쟁이 쉬지 않고 살육이 끊이지 않는데 한국이 태평 무사한 것처럼 위로 일본 천황을 속인 죄
- 동양평화를 깨뜨린 죄
- 일본 천황의 아버지 태황제를 죽인 죄

이 가운데 제15조 메이지 천황의 아버지 고메이^{孝明} 천황을 시해하였다는 것 외에는 모두 사실이다. 메이지 천황의 아버지 고메이 천황은 1866년에 죽었다. 이 당시 이토 히로부미는 궁중을 출입하기 전으로 그는 고향에서 와병 중이었다고 한다. 이토 히로부미는 1892년 일본의 내각 총리대신에 임명되어 1896년까지 수상직을 역임하면서 청일전쟁과

명성황후 시해사건의 최고 결정권자였다. 그리고 1904년 러일전쟁 이후에는 특파대사로 파견되어 을사늑약을 강제로 체결하고, 한국을 실질적인 반식민지로 만들었다.

「동양평화론」에서 세계평화주의를 제시하다

박은식은 안중근이 옥중에서 집필한 「동양평화론」을 탁견으로 평가하였다. 안중근은 국제정세의 양상을 동양과 서양의 대결 구도로 이해하고 동양평화의 보전을 주장하였다. 안중근의 「동양평화론」 요지는 동양의 평화를 유지하려면 한국과 청국 그리고 일본 삼국 모두가 일치단결하여 서양 침략을 막아야 한다는 것이다. 안중근의 이 동양평화론은 언뜻보면 일제의 아시아연대론과 비슷한 것 같지만 분명한 차이가 있다. 일본의 아시아연대론은 일본을 맹주로 하는 연대론이었기 때문에 일종의 상하관계가 설정된 것이었다. 그러나 안중근의 연대론은 삼국의 평등을 전제로 한 것이었다. 그는 "일본이 계속해서 이웃 나라를 침략한다면 그로 인해 파멸을 자초할 것"이라고 경고하였다. 박은식은 안중근이 일본의 계속되는 침략을 보면서 미래를 예견하였다고 하였다.

최후 공판이 있은 다음 날인 1910년 2월 14일 안중근에게 사형이 선고되었다. 동지들 가운데 우덕순은 3년, 조도선과 유동하는 모두 1년 6개월이 선고되었다. 법관들은 법정을 떠나면서 통역에게 "진술할 것이 있으면 공소할 수 있다"고 하였다. 안중근은 태연하게 웃으면서 이렇게 대답하였다.

"너희들의 뜻을 나는 이미 알고 있다."

정근·공근 두 동생들과 사촌 동생 명근 그리고 안병찬 변호사가 안중근을 면회하였다. 안중근은 안병찬에게 감사하며 말했다.

"선생이 어려움을 마다하지 않고 나를 위해 이처럼 고생하시니 그 은덕 죽은들 어찌 잊겠습니까? 한마디 말이 더 있는데 여러 선생님들께 부탁드립니다. 내가 죽은 후 좋은 소식으로 나의 영혼을 위로해 줄 수 있는 사람은 오직 우리 동포뿐입니다. 선생님은 진심전력으로 우리 동포들을 권고해 주시기 바랍니다. 우리나라가 독립하였다는 소식이 천국에 전해오면 나는 춤추며 만세를 부르겠습니다. 나는 과격한 수단을 쓴 사람에 불과하니 칭송받을 만한 사람이 못됩니다. 오직 교육을 진흥하고 실력을 배양하여 독립을 회복하는 기초를 만들어야 합니다."

말을 마친 안중근은 동생에게 부탁하였다.

"내가 죽은 후 나의 뼈를 하얼빈 공원 옆에 묻어라. 조국이 광복되면 고향 땅에 옮겨 묻어다오."

부탁을 들은 큰 동생이 비참해 하니 오히려 동생을 위로하였다.

"나는 조금도 상심하지 않는다. 왜 이러느냐."

안병찬 변호사는 1895년 단발령이 내려지자 김복한金福漢·이설李偰·임한주林翰周·이근주李根周 등과 함께 충청도 지방에서 의병을 일으켰다. 관찰사 이승우李勝宇의 배신으로 붙잡혀 10년 유배형을 받았으나 특사로 풀려났다. 안병찬 변호사는 을사늑약이 체결되자 법부주사로서 을사늑약 체결을 반대하였다. 그 후 변호사가 되어 1909년 안중근 공판의 변호를 맡았고, 3·1운동 후 만주로 망명하였다.

「안중근전」

安重根傳序

昔司馬遷作史記別爲刺客列傳雖其事止於一人一姓朕乾坤瞱刺天地板蕩升吞狼戾擅編紛紜微斯人幾無袱豪強之魄而塞奸權之膽此其所以垂竹帛者殆無有世道人心之感歟不謂數千年後有所以安重根者韓人也痛其國之頹弱升於日旣不能提封十萬與三島編氓一決雌雄於漢水之上又不能散髮佯狂髡扣以沒世徒挾其抑鬱不平之氣嚇朕無所逞遂不惜粉身碎首冀雪滅亡之恥於是乎天雪地霹靂一聲而赫赫威名之伊藤博文竟斃於四矢之手矣方之荊軻聶政蕞其功業爲何如哉炎復取曰安重根者三韓之賢人也而亦世界之英也詩不云乎人之云亡邦國殄瘁蓋古之滅人國者必其國之無人而后滅之昔村有三仁周不興師以墟殷虞有宮之奇百里奚不擧兵以滅虢抑以天之生人也不易而人之生也必足係存亡之重君邊不加意將千天下之民忌此天之生斯人也獨無漢意當於其聞乎惟天旣生又固危之致不得辛執機樞以一身去就與國爭存亡其

안중근은 사형선고를 받았으나 이미 생사를 초월해 있었다. 2월 14일과 15일 그는 어머니와 아내 그리고 자신을 천주교인으로 인도한 홍신부, 뮈텔 주교, 숙부, 아우인 정근·공근 그리고 사촌 동생 명근 등에게 유서를 썼다. 또 동포들에게도 다음과 같은 유언을 남겼다.

"내가 한국 독립을 회복하고 동양평화를 유지하기 위하여 3년 동안 해외에서 풍찬노숙風餐露宿하다가 마침내 그 목적을 달성하지 못하고 이곳에서 죽노니, 우리들 2천만 형제자매는 각각 스스로 분발하여 학문을 힘쓰고 실업을 진흥하며 나의 끼친 뜻을 이어 자유독립을 회복하면 죽는 여한이 없겠노라."

1910년 3월 26일 안중근은 32살의 나이로 여순 감옥에서 순국하였다. 박은식은 일제가 안중근의 목숨은 빼앗을 수 있었지만 그 정신은 어찌할 수 없었다고 전한다. 그는 옥사한 것이 아니고 뜻을 지켜 스스로 목숨을 끊은 것이었다. 한국 통감을 지낸 이토 히로부미를 저격하고도 살기를 바랐을 리는 없다. 심문과 재판 과정에서 보여준 그의 의연한 자세는 거사를 계획했을 때부터 결과를 예측하고 준비한 것이었다. 숨을 거두는 순간과 방법만 본인이 선택하지 않았을 뿐이다. 그의 죽음은 우리에게 무엇을 남겼을까.

"동포들이여! 좌절하지 말고 단결하라. 그리고 독립을 쟁취하는 그 순간까지 장엄하게 싸워라. 그러면 언젠가는 반드시 독립을 이룰 것이다."

박은식은 안중근의 이 숭고한 유언에 담긴 뜻을 우리에게 전하고 싶었던 것이다.

영웅을 기다리며 07

박은식은 민족사를 부활시킬 존재로서 영웅을 갈망하고 있었다. 그는 우리나라가 국권을 상실한 것은 영웅을 냉담히 대우한 때문이라고 생각하였다. 그래서 영웅을 사소한 인륜의 잣대로 평가하기 보다는 민족사에 남긴 큰 공적을 중시하여야 한다고 주장하고, 설사 인륜과 윤리 그리고 도덕적 관점에서 볼 때 죄가 있다고 하더라도 자주독립과 대외 경쟁의 담략이 있었다면 그를 영웅으로 평가해야 한다고 하였다.

박은식의 영웅사관은 망국의 현실 인식을 반영하고 있었다. 그는 망국에 빠진 우리 민족의 역사를 부활하게 할 자는 영웅이라고 확신하였다. 그가 우리 고대사를 연구하며 『동명성왕실기』·『천개소문전』·『명림답부전』 등을 잇달아 저술한 것은 그의 영웅사관을 잘 보여준다. 그는 『천개소문전』에서 오늘날 국력이 쇠퇴한 원인을 다음과 같이 진단하였다.

우리나라 사람들이 영웅 대우에 냉담한 것은 자기 앞길에 영웅적 사업이 있기를 바라지 않는 것이요, 자기 자식도 영웅 자격을 드러내기를 바라지 않는 것이요, 일반 정계·학계 등 각 사회에도 영웅이 나타나기를 바라지 않는 것이니. 그 나라에 어찌 영웅이 끊겨 부족하지 않겠는가. 대저 영웅은 나라의 간성이요, 인민의 사령이거늘, 영웅을 냉담히 대우하는 것은 나라의 간성을 해치고 인민의 사랑을 멸시함이니, 어찌 생존의 기초와 활동의 무대를 얻으리오. 이는 우리나라와 우리 인민이 금일의 지경에 빠진 원인이다.

박은식이 영웅을 기다리는 마음은 너무도 간절하였다. 그는 설사 자료가 없다고 하더라도 추상적 방법이나 이론적 방법을 모두 동원하여 위인의 역사를 써내려갔다. 그에게는 민족의 가슴에 선조의 역사정신을 불어넣는 것이 제일 시급한 일이었다. 그는 고구려의 영웅 천개소문을 이렇게 평하였다.

"천개소문은 개인주의에도 독립자주요, 국가주의에도 독립자주자이니, 이는 개인자격으로 논하면 실로 비할 자가 없다."

박은식은 인물의 평가에서 도덕과 인륜의 가치도 중시하였으나, 망국의 현실을 극복하기 위해서 '독립자주'를 상위개념과 가치로 제시하였다. 천개소문이 집권하는 과정에서 많은 사람이 살상되었으며, 국왕마저 교체한 사실은 비난받기도 한다. 하지만 천개소문은 당나라 대군의 침략에 맞서 싸워 국토를 수호하였으며 백성의 생명을 지켜냈다. 이보다 더 의미 있는 일은 없다. 이처럼 역사적 인물을 평가하는 데는 그 인물의 공적을 최우선해야 한다는 것이 그의 지론이었다.

박은식이 영웅을 기다리는 마음은 사천년의 역사 속에서 뛰어난 영웅들을 모두 불러내서 '사천년 역사학교'를 만드는 것으로 나타났다. 그가 구상한 이 학교는 일반 청년의 과감성과 자신력과 모험심을 단련하는 천설학교天設學校, 금태조가 지리적인 방면으로 일반 백성의 단합심과 활동심을 계발하는 해상보통학교와 대륙보통학교, 단군대황조가 건립한 사천여년 역사학교로 나누어진다. 그는 이 학교를 졸업하면 천하에 어려운 일이 없고, 험악한 일이 없어져 중대한 책임을 짊어지고 큰 일을 할 수 있게 된다고 하였다. 박은식은 이 학교를 이 조선청년을 위하여 만든 것이라고 하였다. '사천여년 역사학교'의 위치와 형태를 살펴보면 이러하다.

먼저 이 학교의 위치는 백두산 아래에 있는데 서쪽으로는 황해를 마주하고 북쪽으로는 만주를 베개로 삼았으며 동으로는 푸른 바다를 끼고 남으로는 현해탄을 경계로 하였다. 이 학교에는 무궁화와 불로초가 풍만한 빛을 발하며 피어있고 주위 풍경도 수려하여 학생들이 심신을 단련하기에 극히 좋은 곳이다. 이 학교 안에 소학교는 기라성처럼 즐비하다고 한다. 대동중학교는 개교일이 4천2백5십 년 전 무진戊辰 10월 3일이었다.

'사천년 역사학교'의 개교일은 개천절이다. 이 학교의 교사진을 보면 우리 역사의 영웅들이 각기 자신의 능한 바에 따라 포진되었다. 예를들면 대동중학교의 교장은 기지箕子였고, 교감은 고려말에 성리학을 도입한 안유安裕였다. 그리고 체조 교사는 천개소문이었고, 국어교사는 설총, 역사교사는 김거칠부金居柒夫·이문진李文眞·안정복安鼎福이었다. 육군대학교의 교장은 광개토왕이며 교사는 을지문덕·강감찬이고, 해군대학교 교장은 신라의 태종대왕이며 교사는 정지鄭地·이순신이었다. 문학전문과의 교장은 세종대왕이며, 교사는 고흥高興·임강수任强首·이제현李齊賢·장유張維·왕인王仁이었다.

이처럼 역사학교의 교장과 교사는 모두 이름만 들어도 그 위업을 알 수 있는 영웅들로 구성되었다. 박은식이 역사학교에 영웅들을 교사로 배치한 것은 이들 교사와 같은 영웅이 다시 이 땅에 나타난다면 우리의 독립은 보다 쉽게 이루어질 것이라는 희망의 표현이었다. 또 자신의 이 소설을 통해서 사천년 역사학교의 교장이나 교사와 같은 영웅적인 일을 성취해낼 수 있는 청소년들이 양성되기를 갈구하였다.

'사천년 역사학교'는 박은식의 조국 독립 염원을 담은 학교다. 이 학교의 교정은 한반도이며 교사는 민족사의 위대한 영웅들이다. 영웅들의 지도를 받는 학생들은 바로 오늘을 살고 있는 대한의 청소년들이었다. 모든 청소년들은 이 역사 학교에 입학하여야 한다. 그리고 역사상의 영웅들로부터 각기 전문분야에서 교육을 받아야 한다. 이 학교를 졸업하는 학생들은 이 세상에서 못할 일이 없으며 그 성과는 위대한 것이라고 한다. 박은식이 '사천년 역사학교'라는 가상의 학교를 설립한 것은 청소년들이 역사상의 위대한 영웅들의 전기를 읽고, 영웅처럼 행동하여 조국의 독립을 되찾아야 한다는 염원이 담겨 있다. 박은식은 청소년들에게 각기 자신의 소질에 따라 그 분야에서 영웅이 되라고 한다. 어떤 학생은 훗날 훌륭한 장군이 될 수도 있고, 국어·역사·음악·해군제독·문학가 등 각 분야에서 영웅적인 자질을 발휘할 수 있는 인물이 되라고 한다. 그리고 그 모든 역량은 독립을 쟁취하는 것으로 모아달라고 당부한다. 결국 '사천년 역사학교'는 독립운동가를 양성하는 학교였던 것이다.

08 왜 『한국통사』를 써야만 했을까

『한국통사』로 식민사관에 맞서다

박은식은 1912년 3월부터 서간도을 떠나 펑티엔(지금의 심양)·베이징·톈진·상하이·난징·홍콩 등지를 돌면서 망명한 동지들과 중국인 지사들을 만나 독립운동방략을 논의하였다. 베이징에서는 조성환의 집에 머물다가 수색을 받아 경찰청에 체포되었다. 다행히 이름을 바꾸어 말했기 때문에 방면될 수 있었다.

그해 7월 신규식申圭植·홍명희洪命憙 등과 함께 '동제사同濟社'를 조직하여 총재로 추대되었다. 동제사는 중국으로 망명한 동포들이 '어려운 일을 당하면 같은 배를 타고 함께 건넌다'는 뜻으로 어려운 일을 함께 나누고 서로 돕자는 의미로 만든 것이다. 동제사는 상하이에서 결성된 최초의 독립운동 단체였다.

이듬해에는 신건식申楗植·이찬영李瓚榮·김용호金容浩·임상순任相淳 등과 함께 상하이로 가서 프랑스 조계에서 박달학원을 세워 교민청소년

교육에 앞장섰다. 이해에 대종교 참교參敎의 직을 받기도 했다. 또 1914년에는 홍콩으로 가서 한중韓中이 공동으로 경영하는 잡지 『향강香江』의 편집 주간이 되었다. 그러나 『향강』 4호에 원세개의 전제 정치를 비판하는 글을 실어 출판 금지를 당하였다.

다시 상하이로 돌아온 박은식은 1915년 3월 이상설李相卨·신규식·유동열柳東說 등과 함께 신한혁명당을 조직하였다. 박은식은 이 단체의 취지서와 규약을 지었으며 감독으로 추대되었고 신규식과 대동보국단大同輔國團을 조직하여 단장에 추대되기도 하였다.

박은식은 상하이·베이징 등지에서 『안중근전』·『한국통사』·『한국독립운동지혈사』·『이순신전』·『성세소설영웅루醒世小說英雄淚』 등을 집필하였다. 이후 러시아 연해주로 건너가서 『이준전李儁傳』을 저술하고 『금사金史』와 『발해사』를 한글로 역술하였다. 그는 『한국통사』를 통하여 우리나라는 왜 어떻게 일본에 망하였는가를 자세히 밝혔다. 그리고 독립을 하려면 무엇이 필요한가를 강조하였다. 그리고 한민족이 독립을 되찾기 위해서 얼마나 장렬하게 싸웠는지 구체적으로 밝혔다.

『한국통사』는 1863년 대원군의 집정에서부터 1911년 105인 사건까지 우리 근대사를 담고 있다. 『한국통사』는 3편 114장으로 구성되었으며 1914년에 홍콩에서 상하이로 돌아와 집필을 마쳤다. 박은식은 이 책의 필자 이름을 '태백광노太白狂奴'라고 표현하였다. 태백광노는 나라가 망하였는데도 죽지 않고 살아있는 자신의 처지가 미친 노예와 다를 것이 없다는 뜻이다. 심한 자괴감과 처참한 심정으로 하루하루를 사는 그의 가슴 속에는 독립에 대한 간절한 염원이 떠나지 않았다.

『한국통사』는 1915년 상하이 대동편역국에서 한문으로 발간되었다. 대동편역국은 각국의 근대사를 시리즈로 발행하였는데 강대국의 근대사로는 영국사·독일사·프랑스사·러시아사·오스트리아사·이탈리아사·일본사 등이 있었고, 망국의 근대사로는 월남사·고려사·미얀마사·폴란드사·이집트사·유태사 등이 있었다. 『한국통사』는 한국인 독자들을 대상으로 발행된 것이 아니고 중국 출판사인 대동편역국에서 각국의 근대사를 시리즈로 발간하는 대상 서목 가운데 하나로 채택되었기 때문에 한글로 간행할 수가 없었다. 그 당시 중국에서 한글 활자로 책을 간행할 출판사가 없었기 때문에 어쩔 수 없는 일이었다.

서문은 중국 근대 사회의 대학자이자, 개혁운동가였던 캉유웨이康有爲가 썼다. 캉유웨이는 중국 근대화를 이끈 선구적인 인물로 변법자강운동을 주도하였다. 그는 중국과 가장 가깝고 밀접한 역사적 관련성을 가진 조선의 근대사인 『한국통사』 읽고 서구 열강에 대한 아시아 각국의 문제점을 진지하게 생각하였다고 한다. 캉유웨이는 중국의 처지도 한국과 크게 다르지 않다고 하면서 그 심정을 서문에 다음과 같이 표현하였다.

"우리 국민들은 이 책을 읽고 중국의 장래 모습이 이 같이 되지 않을까 두려워하고 걱정해야 한다. 내가 이 통사를 읽어보고 마음에 동한 바가 있어 먼저 분발한다. 중국은 아직은 희망이 있다고 해도 분발하지 않는다면 제2의 조선이 될 날도 멀지 않았으니 한숨지을 뿐이다."

캉유웨이는 동아시아 사회에서 광분하는 일본의 모습을 보면서 불안함을 감추지 못하고, 중국인들이 경각심을 가져줄 것을 바랐다.

박은식은 왜 『한국통사』를 써야만 했을까? 그 이유를 『한국통사』의 결론에서 이렇게 말하고 있다.

세월이 물과 같아서 나로 하여금 조금도 미룰 수 없게 한다. 내가 이 직무를 폐기한다면 4천 년 문명국이 또한 발해가 망하자 역사가 망하는 것과 같은 유가 되지 않겠는가. 비록 세상 사람들이 자격 없는 사람이 썼다고 나를 꾸짖는다 하여도 또한 어찌 사양하여 그만두겠는가. 그러나 4천 년 역사 전부는 고루하고 둔한 내가 할 수 있는 일이 아니오, 또 단시일 내에 집필할 수도 없는 것이니 이것은 할 수 있는 이에게 기대할 수밖에 없는 것이다. 내가 세상에 태어난 이후에 목격한 최근의 역사는 힘써 볼 만한 일인 것이다. 이에 1864년부터 1911년에 이르기까지 3편 114장을 지어 통사痛史라 이름하니 감히 정사正史를 자처하는 것은 아니다. 다행히 우리 동포들이 여기에 국혼이 담겨 있는 것임을 인정하여 버리거나 내던지지 않기를 바랄 뿐이다.

박은식은 망국의 동포들에게 독립의 희망과 용기를 주어야 했다. 비록 지금은 나라가 망했지만 우리의 역사를 되새기는 것이 나라를 되찾을 수 있는 방법 중 하나라고 생각하였다. 자신이 적임이 아니라고 생각하였지만 적임자를 기다린다면 때를 놓칠 수 있기 때문에 용기를 내어 집필한다고 밝혔다.

『한국통사』가 간행되자 중국 만주 지방은 물론이고 러시아와 미주 지방 한인사회에서는 이 책을 열렬히 환영하였다. 미국에 살고 있던 이

 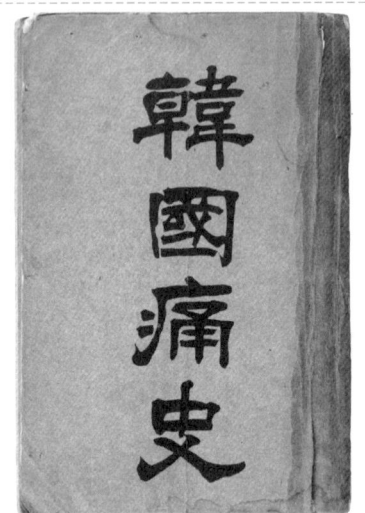

「한국통사」

대위는 1915년 9월 2일부터 샌프란시스코 교민신문이었던『신한민보』에『한국통사, 한국의 원통한 역사』라는 제목으로 번역·연재하였다. 하와이에서는 이승만·박용만 등의 주선으로 김병식이 1917년 6월에 한글로 번역된『한국통사』를 간행하였다. 당시 간행 비용은 하와이 와이알루아에서 병원을 개업하고 있던 곽래홍이 부담하였다. 인쇄는 대한인국민회 기관지『국민보』를 간행하였던 국민보사에서, 발매는 하와이 호놀룰루 권업동맹단의 오운吳雲과 와이알루아의 곽래홍이 담당하였다. 최근 현대어 번역판은 1996년 이장희 교수가 박영사에서 박영신서로 간행되었다. 이 책은 재미교포들과 학생들의 교과서로 사용되어서 독립정신을 선양하는 교재로 활용되었다.『한국통사』는 국내에도 비밀리에 반입되어 우리 민족에게 민족문화와 전통에 대한 자부심을 심어 주었다.

한편 일제는 『한국통사』가 발행되자 몹시 당황하였다. 이미 강제병합 과정에서 수많은 한국인이 목숨을 내놓고 투쟁하는 것을 보았던 일본인들은 한국인들이 이 책을 읽고 항일투쟁에 나서지 않을까 전전긍긍하였다. 한국인들이 이렇게 투쟁하는 밑바탕에는 고도의 문화민족이라는 의식이 있기 때문이다. 국권을 완전히 상실하고 이민족 치하에서 노예의 삶을 산 적 없었던 한민족에게 식민통치는 그만큼 치욕스러운 일이었다.

이러한 사실을 알고 있는 일제는 『한국통사』의 한국내 유입을 막는데 혈안이 되어있었다. 『한국통사』를 비롯하여 박은식의 모든 저서를 금서로 지정하고, 보이는 대로 압수하여 불태웠다. 『한국통사』의 유입을 차단하는 것이 뜻대로 되지 않자 1915년 조선총독부는 조선반도사를 편찬하고자 하였다. 일제는 반도사를 편찬해야 하는 이유를 『한국통사』와 관련해서 이렇게 언급하였다.

"『한국통사』라고 하는 한 재외 조선인의 저서 같은 것이 진상을 규명하지 않고 함부로 망설妄說히고 있다. 이러한 사적史籍들이 인심을 현혹시키는 해독 또한 참으로 큰 것임은 말로 다할 수 없다."

조선총독부는 1916년 중추원 산하에 반도사편찬위원회를 설치하고 한국사 왜곡 작업에 착수하였다. 반도사편찬위원회는 1925년 정무총감을 위원장으로 하는 조선사편수회로 확대·개편되었다. 조선사편수회는 1932년부터 1938년에 걸쳐 『조선사』 37책(총목록 1책, 본

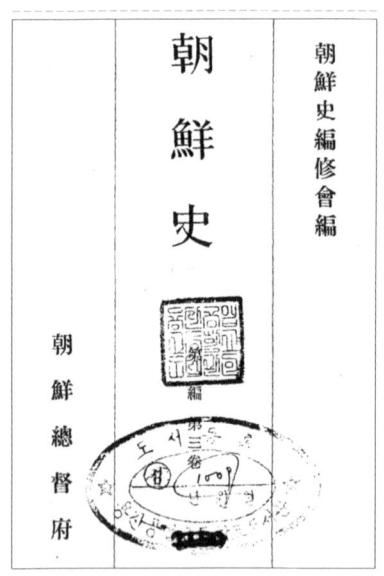

조선사 편수회에서 우리 역사를 왜곡시킨 『조선사』. 이 책은 식민통치의 효율성을 위하여 식민사관의 관점에서 서술되었다.

문 35책, 총색인 1책)을 발간하였다. 『조선사』는 한국·일본·중국의 많은 사료를 참고하여 모은 하나의 사료집이었다. 외관상으로는 모든 사료를 망라하여 서술한 것이지만 실제로는 많은 취사선택이 이루어졌다. 『조선사』는 식민사관에 근거해서 한국사를 의도적으로 왜곡하였다. 식민사관은 정체성후진론과 만선사관 그리고 타율성론 등을 말한다. 정체성후진론은 한국의 역사는 자체적으로 발전되지 못하여 근대사회로 이행할 능력이 모자랐다는 뜻이다. 일본은 여기에 입각하여 조선이 강제로 병합됐던 1910년까지도 고대사회에서 벗어나지 못했다고 주장한다. 만선사관은 한반도의 역사는 만주의 역사와 분리해서 서술할 수 없다는 것으로, 우리 역사의 독자성을 부정하고 중국사 일부로 파악하는 것이다. 타율성론은 한국이 반도국가인 까닭에 대륙인 중국과 바다 건너 일본에 의해 좌우되었다는 주장이다.

『조선사』는 이처럼 왜곡된 시각으로 집필되었기 때문에 우리 역사 중 자주적이고 독창적인 면모는 싣지 않았다. 일본은 고대부터 한반도 남부 지방에 임나일본부를 설치하고 백제와 신라, 가야를 속국으로 지배하였다고 강조하였다. 또 일본은 문화민족이었던데 비하여 한국은 미개한 나라였다고 서술함으로써 한국인의 역사의식을 마비시키는 식민정책에 이용되었다. 일본이 임나일본부를 주장하는 근거는 『일본서기日本書紀』에 '신공황후神功皇后가 보낸 왜군이 한반도로 건너가 신라와 백제를 정벌하고 일본부를 설치하여 다스리다가 562년 신라에 의해 멸망되었다'라는 기록이 있기 때문이다.

8세기 초에 발간된 『일본서기』는 일본에서 가장 오래된 역사서이지만 고대사를 미화하기 위한 일종의 신화에 가깝다. 이 무렵 일본은 통일국가가 형성되지도 않았던 시기로 당시 한반도를 점령한다는 것은 있을 수 없는 일이다. 뿐만 아니라 기록은 오직 『일본서기』에만 나오고 다른 일본의 기록이나 우리나라의 문헌에는 보이지 않는다. 일본은 『일본서기』의 다른 기록에는 의문을 제기하면서도 유독 임나일본부설만은 문제를 제기하지 않는다. 이처럼 일본은 오래전부터 한국사를 부정적으로 평가하였다. 이러한 일본의 역사 왜곡은 『한국통사』의 발간으로 더욱 본격적으로 진행되었다.

『한국통사』의 제1편은 2장으로 구성되었는데 제1장은 지리의 대강大綱이고, 제2장은 역사의 대개大概이다. 우리나라 지리를 개괄하는 지리의 대강은 동서남북의 경계선과 큰 산과 강 등 도의 경계가 되거나 지리적인 요충지를 설명하였다. 제2장 역사의 대개는 우리 역사를 아주 간략하게 개괄하였다.

단군이 고조선을 건국한 이래 우리 역사는 면면히 이어온 자랑스러운 역사라는 것을 중심으로 서술하였다. 박은식은 『한국통사』에서 통일

신라의 존재를 인정하지 않았다. 오히려 신라의 삼국통일을 애석해하는 듯한 모습을 볼 수 있다. 박은식은 신라가 당나라를 끌어들여서 삼국을 통일한 것을 못마땅하게 생각하였다. 신라의 삼국통일은 넓은 만주 벌판의 상실을 뜻하였고, 고구려 웅혼한 기상의 소멸로 인식하였다. 고구려가 아닌 신라의 삼국통일은 대동민족의 영토 축소와 자주권의 상실로 이어졌다고 보았다. 그런 까닭에 박은식은 신라의 통일을 인정하고 싶지 않았는지도 모른다. 박은식은 신라의 삼국통일에 의미를 부여하지 않았고, 발해의 건국에 큰 의미를 부여하였다. 그는 우리 역사의 정통성이 고구려에서 발해로 이어진다고 보았다. 박은식은 고구려의 멸망으로 상실하였던 만주 벌판을 발해가 건국됨으로써 다시 찾았다고 하였다. 그는 발해가 멸망한 이후 천 년 동안 누구도 발해의 역사를 서술하지 않음으로써 역사와 만주 땅을 잃어버렸다고 하였다. 그런 까닭에 그의 역사서술은 한결같이 고구려와 발해 정통론을 고수하고 있다.

또 하나의 특징은 조선시대 선조 부분을 다른 왕에 비해서 많은 분량으로 서술하였다는 점이다. 선조 서술 부분이 전체 조선시대 분량 중 3분의 1 가량을 차지한다. 왜냐하면 선조 연간에 임진왜란이 일어났기 때문이다. 여기서 박은식은 일본이 우리나라를 침략한 것이 이번이 처음이 아니며 기회가 있을 때마다 한반도를 침략하였으며 일본의 침략으로 조선이 받은 피해는 엄청난 것이었다는 점을 강조하였다. 박은식은 일본의 무도함을 질타하고, 우리가 사전에 대비하지 못한 것과 이 국난을 막아낼 이순신과 같은 영웅이 나타나지 않는 현실을 안타까워하였다.

통렬한 자기반성의 역사를 쓰다

박은식의 『한국통사』는 우리 근대사 가운데서 일제침략사와 독립운동사를 하나의 체계로 묶은 책이다. 이 가운데서 무게 중심은 일제침략사에 두었는데, 그 까닭을 『한국통사』 서문에서 이렇게 밝혔다. 그는 나라가 망한 상황에서 한국청소년들을 독립운동 투사로 만드는 데에는 아픔, 즉 '통痛'을 가르치는 것이 가장 효과적인 방법이라고 생각하였다. 과거 역사를 살펴보면 일본은 우리 민족을 선생으로 부르고, 신성神聖으로 대우하였는데 오늘날엔 우리를 노예로 대우하니 이보다 더한 아픔은 없으며, 이 부끄러움과 아픔을 씻는 방법은 역사교육을 통하여 알게 하는 것이 좋다고 하였다. 아픔을 아는 마음은 독립운동의 원동력이 된다. 그래서 박은식은 자신이 쓴 근대사를 아픔의 역사라는 뜻인 '통사痛史'라고 이름 붙였다고 한다.

『한국통사』는 통렬한 자기반성의 역사이다. 조선후기부터 학자들이 현실생활에 실질적으로 유용하지 않은 이기理氣 논쟁과 분열된 당색으로 치열한 당쟁을 전개하였다. 조정은 민생을 돌보지 않고 불필요한 소모전에 열중하면서 쇄국정책을 고수하였고, 실용성을 강조하는 실학을 받아들이지 못하였다. 실학은 곧 상공업을 진흥시켜 근대화할 수 있는 가능성을 열어주었다. 또 중국 사절단이 가지고 돌아온 서구 문물을 보고서도 그 실체에 관심을 가지지 못하였다. 때문에 선진 과학을 배우지 못했다. 실학자들 사이에 서구 과학의 이론을 검증하려는 시도가 있었지만 이들은 소외된 계층의 학자에 불과하였다. 광범위한 교육을 시행

흥선대원군

하여 모든 사람에게 교육받을 기회를 제공하지 못함으로써 생산적인 논의가 진행될 통로가 차단되었다. 더구나 외척들이 정권을 독단하여 관리들 사이에는 관직을 사고파는 매관매직과 부정·부패가 만연해 민생은 날로 어려워졌다. 박은식은 이러한 것들이 누적되어 나라가 탄력성을 잃고 무기력해졌으며 망국의 원인이 되었다고 지적하였다.

박은식은 흥선대원군의 정치 가운데 서원을 철폐하고, 세제를 개혁하여 양반에게도 군역을 부담하게 하는 호포제를 시행한 점과 국방을 강화하고 생활에 편리하게 풍속을 교정한 점 등은 긍정적으로 평가하였다. 반면에 왕실의 권위를 회복하기 위해 다른 중요한 일들이 많음에도 두 번씩이나 경복궁 중건을 강행한 것은 중대한 실정으로 평가하였다. 국가의 경제가 누란의 위기에 처한 상황에서 무리하게 공사를 진행하여 백성의 고통을 가중시켰기 때문이다. 또 천주교도들을 탄압하여 수많은 사람을 죽게 만든 점과 국제적 안목의 부족으로 쇄국정책을 고수하여 외국과 통상을 거부하고 선진문물의 실체를 파악하려 하지 않은 점 등도 실정으로 평가하였다. 박은식은 한 사람을 평가함에도 공과를 분명하게 구별하여 엄정하고 객관적인 입장이었다. 또한 구체적인 사례를 들어 평가의 기준으로 제시함으로써 근대적 역사서술의 모범을 보여 주었다.
 박은식은 우리나라의 지정학적 위치와 국제관계에서 한반도 외교의 중요성을 '구미 열국과 수호통상'이라는 부분에서 다음과 같이 표현하였다.

> 우리나라는 아시아의 요충지에 위치하고 있어서 열강 세력들이 회합하는 주요한 지역이다. 유럽의 발칸반도와 같아서 중국·일본·러시아 3국과 관계가 깊다. 중국이 한반도에서 세력을 상실하게 되면 동북 삼성도 무너지게 되어 대륙 본토도 편안할 수가 없다. 일본도 이 지역에서 물러서면 세 개의 섬 안에 갇혀 대륙에 발을 뻗을 수가 없다. 러시아 역시 이곳에 진출하지 못하면 동방의 해로로 빠져나와 태평양의 권리를 취할 수 없게 되니 한반도는 지리상 중요한 곳이다. 그러므로 이 세 나라가 세력 균형을 이루어 서로 관계하면 우리나라도 가히 유럽의 모든 약소국과 같이 독립할 수 있을 것이요. 어느 한 나라가 우승을 독점하여 잠식을 시도하게 되면 위험하게 된다.

 박은식은 균형 감각을 가지고 어느 한 쪽에 치우지지 않는 등거리 외교의 중요성을 강조하였다. 이어서 그는 영국·미국·독일·프랑스 등의 제국 또한 여기에서 세력을 신장하고 싶지 않은 것은 아니나 직접적인 이해관계가 미치기 어려운 곳이므로 국고를 허비해 가며 다투지는 않을 것으로 보았다.
 이들 국가는 그들의 상업에 방해가 없다면 일본의 행동에 반대하지 않겠다는 입장을 취하였다. 냉엄한 국제관계의 현실에서 조약의 의무는 오로지 이해관계에 따라서 좌우된다. 이른바 조약문이라는 것이 모두 종이 위에 글자를 다듬는 데 불과하고 그 내용은 서로 간의 이해관계가 충돌되지 않아야 한다. 중요한 것은 우리나라가 자강·자립의 실력이 없으면 허망하게 외국인의 달콤한 말만을 믿고 안심하여 망국을 재촉할 따름이다.

박은식은 국제관계에서 실리를 취하는 것이 중요하다는 것을 역설하였다. 그는 『한국통사』의 첫 부분인 갑신정변을 친구와 대화 형식을 통하여 이렇게 말하였다.

"만일 정변이 실패하지 않았다면 그 결과가 어떻게 되었을까?"

"가히 아까운 일이다. 그러한 일류 재사가 일본인에게 팔려 이러한 큰일을 저지르다니 ……."

"어째서 그런가?"

"저들 일본인이 어찌 다른 국민을 위하여 사람 된 일을 순순히 하겠는가. 또한 저들이 우리나라를 위하여 도모하려는 뜻을 품고 발원하지 않는 날이 없을 것이다. 우리의 진보는 저들에게는 불리한 것이므로 우리나라가 진보하려는 기세를 볼 것 같으면 저들이 반드시 많은 방법을 짜내어 해치려 들 것이지 도와주려 하겠는가."

"우리 영민한 소년 선비는 일본의 새로운 물결에 심취하여 독립의 영광을 동경하니 저들은 곧 이러한 것을 알아차리고 이용하기 위하여 청국을 배제하고 독립한다면 원조할 것을 허락하겠다고 하였다. 이것은 실상 한국과 중국을 도발시켜 서로 나쁜 감정을 깊게 하고 이득을 취하

갑신정변의 주역. 좌측부터 박영효, 서광범, 서재필, 김옥균

려는 데서 나온 술책인 것이다."

"우리 소년 영재는 그것을 조심하지 아니하고 저들을 의지해서 성사하려다가 그 꾐에 떨어져 함정에 빠지게 되니 또한 애석하지 아니한가."

박은식이 친구와 대화를 통해 평가한 갑신정변의 의미는 오늘날 관점에서 보더라도 정확하다고 생각된다. 그는 다음과 같은 말을 보태서 입지를 강화한다.

"대저 혁명가는 천하에 어려움을 무릅쓰고 지극히 험한 것을 밟아야 하며, 오로지 자기 힘으로 나와야 하는데 오히려 외국인이 우리나라의 내홍을 이용하여 간섭함에 있어서랴 ……."

혁명에 성공하려면 몇 가지 조건이 갖추어져야 한다.

갑신정변 직전의 개화파 동지들

첫째는 동지의 규합이다. 생사고락을 끝까지 함께 할 수 있는 동지가 있어야 한다. 둘째는 철저한 사전 준비가 있어야 한다. 혁명은 대개 적은 힘으로 강한 상대를 순식간에 제압할 수 있어야 한다. 그러려면 강한 타격을 줄 수 있는 기동력과 순발력이 있어야 한다. 그 기동력과 순발력은 사전에 충분히 계획된 것이어야 한다. 갑신정변은 우리 역사에서 최초의 부르주아혁명으로 중요한 의미를 지닌다. 부르주아혁명이란 대체로 귀족 또는 지주를 지도세력으로 하는 혁명으로 중세사회에서 근대사회로 넘어오는 과정에서 일어나는 불철저한 혁명이다. 이 부르주아혁명으로 봉건왕조의 기반은 흔들리게 되고, 아래로부터의 혁명을 거쳐 봉건왕조는 청산되게 된다. 사회가 바뀌려면 상층부의 변화가 우선되어야 한다. 상층부의 변화는 사회 전체의 변화를 이끌어낼 수 있다. 갑신정변은 젊고 유능한 사람들이 주도한 위로부터의 혁명이었지만 효과를 거둘 수 없었다. 그 원인은 자체적인 역량이 부족한 상황에서 사전 준비마저도 제대로 갖추어지지 않았기 때문이다. 결정적인 것은 실체를 파악하지 못한 외세에 의존해서 거사를 도모하였다는 것이다. 박은식은 이런 점들을 갑신정변의 한계로 지적하였다.

갑신정변이라는 위로부터의 혁명이 지나간 십년 뒤 아래로부터의 혁명이 있었다. 1894년 동학농민전쟁이 그것이다. 1894년 동학농민전쟁은 우리 근대사에서 중요한 사건이다. 왜냐하면 동학농민전쟁은 당시 조선사회가 안고 있던 모든 문제들이 표출되었고, 민중들이 주체가 되어 그 해결책을 찾으려 하였기 때문이다. 동학농민전쟁은 조선후기 탐관오리들의 도를 넘어선 탐학이 직접적인 원인이었다.

박은식은 동학농민전쟁이 발발한 책임이 정부에 있음에도 근본적인 대책을 세우지 못하고 청나라에 원병을 청하였다고 비판하였다. 당시 그는 서울에 머물렀는데 이 소식을 듣고 이렇게 말했다.

"동학농민군은 오합지졸이라 관군이 힘써 소탕하면 진압될 것인데, 어찌 진압하지 못할 것을 근심하여 청나라에 원병을 청하였단 말인가. 국가의 큰 수치가 아닌가. 만약 청국에서 파병한다고 하면 일본이 어찌 가만히 있겠는가."

박은식은 동학농민군의 요구는 정당하며 그 책임은 정부에 있다고 평가하였다. 그렇지만 정부군이 동학농민군을 진압하지 못한 것을 질책하였다. 조선왕조는 지속해야 하고 동학농민군이 진압되어야 한다는 견해를 피력한 것이다. 그 당시까지만 하더라도 박은식은 백성을 역사의 주체로 보지 못하는 한계를 가지고 있었다. 이런 문제점은 『한국독립운동지혈사』 단계에 가면 극복된다.

박은식은 『한국통사』에 일제가 침탈한 이권들과 각종 조약의 체결과정 그리고 그 의미를 소상하게 기록하였다. 일제는 강제병합의 첫 단계로 경찰권을 장악하고 총과 칼로써 한국인의 손발을 묶어 제압하였다. 다음으로 언론사의 신문 발행을 금지하였으니 눈과 귀를 가리고 입을 막은 것이었다. 일제는 정국을 비판할 수 있는 각종 단체를 해산시켰다. 그런 다음 직인을 훔쳐 강제병합 조약에 찍었다. 이렇게 성사된 조약을 일제는 마치 한국이 원해서 병합이 이루어진 것처럼 세계만방에 선전하였다. 아! 끝내 대한제국은 세계지도 위에서 사라지고 말았다.

박은식은 『한국통사』 결론에서 이렇게 통탄하였다.

국가란 국혼國魂과 국백國魄이 하나로 결합한 것이다. 한 나라의 부강은 국혼과 국백이 다 같이 풍부해져야 한다고 한다. 국혼은 국교國敎, 국학國學, 국어國語, 국문國文, 국사國史 등과 같이 주로 정신적인 것으로 민족문화와 민족정신을 의미한다. 국백은 경제, 군사, 영토, 과학기술 등 물질적 것을 의미한다. 오호라! 한국의 백은 이미 죽었으나 소위 혼이란 것이 남아 있는 것인가, 없어진 것인가.

박은식은 설사 국백이 이민족에게 정복당한다 하더라도 국혼이 살아 있다면 광복을 이룰 수 있다고 하였다. 그러므로 국교와 국사가 망하지 않으면 그 나라도 망하지 않은 것이다. 그는 이미 국백이 망한 상황에서 꺼져가는 국혼을 살려내기 위해 절박한 심정으로 『한국통사』를 집필하였다. 그래서 그의 붓끝은 더욱 매섭고 날카로웠다.

국혼을 잃지 않으면 나라를 되찾을 수 있다

박은식은 국권을 상실한 이후 자신의 처지를 처량하게 생각하였다. 그는 망한 나라의 유민으로서 이역만리 중국 땅으로 망명하여 다른 사람을 대하기가 부끄러웠다. 세상이 비록 넓다고는 하지만 이런 치욕을 짊어지고 돌아갈 곳이 없음에 몹시 곤혹스럽고 서글펐다. 그는 우리 고대사를 공부하면서 만주 벌판을 호령하던 선열들의 기상을 잃어버리고 남의 나라 노예로 전락한 처지를 반성하지 않을 수 없었다. 그는 『한국통사』 서문에 이렇게 썼다.

> 옛 사람이 이르기를 나라를 멸할 수는 있으나 역사는 멸할 수가 없다고 하였으니, 그것은 나라는 형체이고 역사는 정신이기 때문이다. 이제 한국의 형체는 허물어졌으나 정신만 독존할 수는 없는 것인가. 이것이 통사痛史를 저작하는 까닭이다. 정신이 보존되어 멸하지 아니하면 형체는 부활할 시기가 있을 것이다.

국가에 혼백이 있고 없음에 따라서 그 국가 존망의 형태도 달라진다. 그는 대표적인 예로 유태인과 멕시코를 들었다. 유태인은 나라가 망하여 각지로 뿔뿔이 흩어졌지만 수천 년이 지난 지금도 유태족族으로 불리고 있다. 멕시코는 스페인으로부터 독립은 하였지만 여전히 스페인어를 사용하고 스페인 풍속을 따르고 있다. 유태인은 국가의 물질적인 요소인 국백이 없지만 국혼을 계속 유지한 까닭에 다른 국가에 동화되지 않고 정신적으로 독립을 유지하였다. 이러한 경우에 언젠가는 국백을 되찾아 완전한 독립을 이룰 수 있을 것으로 보았다. 이와 반대로 멕시코는 식민지에서 벗어나 국가의 형체는 되찾았지만 국혼을 잃어버리고 스페인에 동화되었기 때문에 완전한 독립을 이루었다고 보기는 어렵다. 그러므로 국혼은 빼앗긴 나라를 되찾는 원동력이며, 또한 완전한 독립을 이루는데 반드시 갖추어야 할 요소이다. 국혼을 유지시키는 것은 국사를 통하여 이루어질 수 있다.

박은식은 국사가 국민에게 국혼을 고취하여 독립운동을 하게하는 동력을 제공해 줄 것으로 보았다. 『몽배금태조』에서 무치생이 치욕을 갚고 독립을 되찾는 방법을 묻자 금태조는 독립운동에 매진하여 나라의 독립을 되찾고 일본보다 부강한 나라가 될 때 지난 날 받았던 치욕을 되갚을 수 있다고 하였다. 그렇게 하는 방법은 역사에서 과거의 사실과 교훈을 배우는 것이다.

최근 『한국통사』의 초고본들이 발견되어 언론에서 화제가 되었다. 한국학중앙연구원 장서각에서 발견된 『약기편람略記便覽』과 한국은행 정보자료실에 소장된 『한말비록韓末秘錄』이 그것이다. 이 두 책은 모두 한 장본으로 된 필사본이다. 『약기편람』은 『한국통사』가 발견되기 5년 전 1910년 12월 이후에 쓰인 것으로 추정된다. 『약기편람』은 『한국통사』

가운데 임오군란, 갑신정변, 갑오동학란, 명성황후 폐비 후 복위, 지방의병, 아관파천과 김홍집 정권 등장 등을 써 놓았고 박승환 순국, 장인환·전명운 의거, 안중근 의거 등을 목록으로 만들어 놓은 책자이다.

『약기편람』의 글씨가 정성스럽게 정서된 점으로 보아서 이 책을 박은식이 직접 쓴 것인지 아니면 다른 어떤 사람이 필사한 것인지는 분명하지 않다. 지금 남아 있는 박은식의 글씨가 많지 않고 후손들도 필체를 알지 못하기 때문에 진위 감정에는 어려움이 있다. 이 책이 1910년 12월 이후에 쓰였다는 것을 알 수 있는 점은 목차에 이토 히로부미 저격사건, 안명근의 데라우치 암살기도사건 등이 기록되어 있기 때문이다. 이토 히로부미 저격사건은 1909년 10월 26일에 일어났다. 데라우치 암살기도사건은 1910년 12월에 군자금을 모금하다 잡힌 안명근 사건을 확대·날조한 것이다. 이 사건은 서북 일대의 항일적인 성격을 가진 기독교인과 신민회 회원을 체포한 안악사건이 조작된 것으로 '105인 사건'으로도 부른다. 기소자가 모두 123명이며 1심에서 유죄 판결을 받은 사람이 105인이기 때문이다. 1911년 7월 이후에 관련 인사들의 체포가 시작되므로 이 책의 서술은 아마도 그 이후가 될 것 같다. 박은식이 1911년 5월에 중국으로 망명하였으므로 중국에서 쓴 뒤 국내로 들어왔을 가능성도 있다. 『약기편람』의 발견으로 박은식의 『한국통사』 집필 구상은 국권상실 이전부터 시작되었음을 알 수 있다.

『한말비록』은 1915년 중국 상하이에서 발간된 『한국통사』와는 달리 본문 앞의 범례·목록·서·서언·삽화 및 본문 뒤의 후서·발 등이 없는 채 본문과 결론만 있다. 뿐만 아니라 누락된 구절은 지면 상단 여백에 첨가하여 써놓고 본문에 누락된 표시를 남기고 있는 점 등으로 보아 『한국통사』의 초고가 아니라 1915년 이후에 필사한 것으로 보인다.

『한국독립운동지혈사』에 담은 뜻은 09

민족혼을 불러일으킨 역사책

1917년 7월 박은식은 상하이에서 신규식·신채호申采浩·조소앙趙素昻·박용만·윤세복·조성환 등 14명과 「대동단결선언」의 서명자로 참여하였다. 이 선언은 국내외 독립운동 단체들이 대동단결하여 임시정부를 수립해야 한다는 주장이었다. 그리고 이해 볼셰비키 혁명을 맞은 연해주 교민들이 박은식을 초빙하였고, 그는 한족중앙총회에서 간행하던 『한족공보韓族公報』의 주필을 맡았다. 이곳에서 지내며 『이준전』·『금사金史』·『발해사渤海史』 등을 역술하였다. 1919년 3·1운동이 일어났을 때 그는 러시아 연해주 블라디보스토크 한인촌에 있었는데, 3월 17일 한인촌에서 대한국민의회가 주도한 「독립선언서」를 기초하기도 했다. 대한국민의회는 러시아의 한인들이 블라디보스토크 신한촌에서 결성했던 전로한족중앙총회全露韓族中央總會의 후신이다. 전로한족중앙총회는 러시아 2월 혁명 후 조직된 전 러시아 한인의 임시정부로 회원이 20만에

달하였다. 또 박은식은 대한국민노인동맹단에 참여하였는데, 40세 이상 국내외 애국지사들을 망라하여 조직된 강력한 임시정부 후원 단체였다.

박은식은 4월 서울에서 발표된 한성임시정부의 평정관評政官에 선임되기도 하였다. 한성임시정부는 3·1운동 직후인 1919년 4월 2일 인천 만국공원(현 자유공원)에서 13도 대표들이 비밀리에 모여 임시정부 수립을 결의하였다. 13도 대표들은 동년 4월 23일 서울에서 한성임시정부의 수립을 선포하고 선포문을 발표하였다. 한성임시정부는 이승만을 집정관총재로 하고 이동휘를 국무총리로 하였으며 민주공화제를 채택하였다. 그리고 9월 연해주에 있던 박은식은 상하이로 가서 대한민국임시정부에 참여하고 「대한민국임시정부성립축하문」을 작성하였다. 그는 상하이에서 국제연맹에 일본의 탄압 실상을 전하는 『한일관계사료집』 4권을 참고하여 한국인의 독립운동을 총괄하는 『한국독립운동지혈사』를 저술하였다.

『한국독립운동지혈사』는 1920년 12월 상하이 유신사維新社라는 출판사에서 간행되었다. 유신사는 임시정부 요인이었던 이유필李裕弼·김홍서金弘敍 등이 프랑스 조계 포석로浦石路 창여리昌餘里에서 운영하던 출판사였다. 『한국독립운동지혈사』는 상·하 두 편으로 이루어졌는데 상편은 25장이고, 하편은 31장으로 총 56장이며, 부록으로 세계 여론을 실었다. 상편은 『한국통사』의 2~3편을 요약한 것 같으나 『한국통사』에 비해 훨씬 자신감에 찬 서술을 보이고 있다. 『한국통사』는 나라가 망한 원인을 반성하고 새로운 활로를 모색하는 것인데 반하여 『한국독립운동지혈사』는 일제의 만행을 세상에 알리고, 독립을 쟁취하기 위해 맨 손으로 맞서 투쟁하는 사실을 기록하였다.

『한국독립운동지혈사』는 말 그대로 독립을 쟁취하기 위한 혈투의 역사이다. 『한국통사』가 나라가 망하는 과정을 서술한 우리의 아픈 역사였다면 『한국독립운동지혈사』는 독립을 되찾기 위해 싸우는 '혈투'의 역사이다. 박은식은 '아픔'에서 피 흘리며 싸우는 '혈투'의 역사를 쓰기까지 많은 부분에서 변화를 경험하였다. 그간의 변화된 상황을 박은식은 이렇게 설명한다.

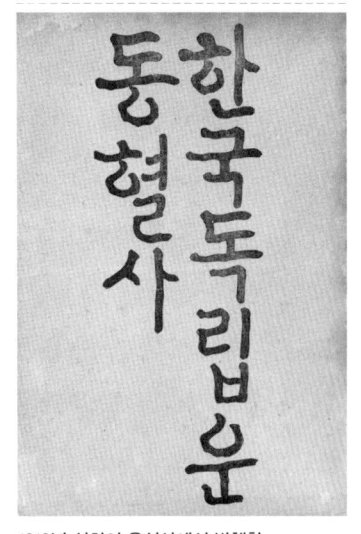

1919년 상하이 유신사에서 발행한 『한국독립운동지혈사』

> 아아, 과거의 문명은 인류의 경쟁에 이용되는 것이고 인도와 평화를 위한 것은 아니었다. 물질적 경쟁으로 하늘이 택한다는 적자생존의 이치가 오직 유일의 진리였던 것이다. 우승열패는 하늘의 법칙이며 약육강식은 공례가 되고 군국주의의 침략정책은 생존의 목적이 되었다. 처음에는 강자와 약자가 싸워 약자가 모두 망하고, 다시 강자끼리 싸워 두 호랑이가 함께 상처를 입는 격이었다. 단지 약자만 멸망하는 것이 아니라 강자 또한 파멸을 면치 못한다. 천도天道는 돌고 돌아 만물은 극에 달하면 반드시 돌아온다. 이러므로 세계가 대동단결하여 인류는 공존해야 한다는 의리가 점점 학자들의 이론 가운데서 나타나게 되었다.

박은식은 사회진화론을 지나간 제국주의 시대의 산물로 보았다. 그는 제국주의 대신에 정의와 인도주의를 지향하는 개조시대改造時代 즉 문명시대가 도래할 것이라고 전망하였다. 그는 이러한 단서를 3·1운동의 동력 가운데 하나로 작용하였던 윌슨의 민족자결주의에서 찾았다. 그는 제1차 세계대전에서 제국들이 무너지는 것이 변화되는 시대의 서광이라고 보았다. 윌슨의 민족자결주의는 제1차 세계대전의 마무리를 위해 패전국의 식민지에 적용되어 유럽의 약소민족들이 독립을 얻는데 그쳤다. 하지만 그는 민족자결주의가 식민지들에게 독립할 수 있는 계기가 될 것으로 보았다. 그는 덕으로 세상을 다스리지 않고 총칼을 앞세우는 통치는 결국 패망한다고 믿었다.

이러한 세계 사조의 전환과 박은식의 의식변화는 같은 사건이라도 『한국통사』와 『한국독립운동지혈사』에서 각각 다르게 나타난다. 『한국통사』에서는 갑신정변을 '갑신혁당의 난'이라고 표현하였다. 갑신정변을 난으로 인식하였던 것이다. 『한국독립운동지혈사』에서는 '갑신독립당의 혁명실패'라고 하였다. '난'에서 '혁명'으로 시각을 달리한 것이다. 난과 혁명은 엄청난 차이가 있다. 난은 국가의 질서를 어지럽히고 혼란을 유발한다는 부정적인 뜻을 담고 있다. 반면에 혁명은 그 목적이 공동체 발전에 기여하거나 사회에 큰 긍정적 영향을 끼친 경우에는 실패하였어도 그 정신을 계승한다는 의미를 가진다.

박은식은 1884년에 일어난 갑신정변을 이후 30년간 줄기찬 항일운동이 전개될 수 있는 원동력으로 이해하였기 때문에 상편의 기점으로 잡았다고 하였다. 마찬가지로 '동학농민전쟁'도 『한국통사』에서는 '갑오동학의 난'이라고 표현하여 '난'으로 인식하였으나『한국독립운동지혈사』에서는 '갑오동학당의 대풍운'이라고 표현하였다. '동학란'이 '대풍운'으로 바뀌게 된 것은 그만큼 박은식이 우리 역사를 적극적으로 해석하였다는 것을 의미한다. 이러한 의식변화는 의병을 인식하는 데에서도 나타난다.『한국통사』를 썼을 때까지만 하더라도 박은식은 '동학농민전쟁'과 '의병항쟁'을 어리석고 난폭한 무리가 일으킨 사건이라고 인식하였다. 그렇지만『한국독립운동지혈사』에서는 의병전쟁을 독립운동의 도화선이 되었다고 평가하였다.

1919년 10월 박은식은 박환朴桓·박세충朴世忠·김구 등 30명의 명의로 한국독립과 임시정부를 지지하는「선언서」와 공약을 작성·발표하는데 참여하였다. 그는『한국독립운동지혈사』가 발간되었을 무렵인 11월 22일에 환갑을 맞이하였다. 그는 임시정부 동지들이 모여 마련해 준 회갑연에서 이렇게 말하였다.

"내가『한국통사』를 쓰고,『한국독립운동지혈사』를 썼거니와 비록 늦었더라도『건국사』는 쓰고야 죽을 것이오."

그는 3·1운동을 보고『한국독립운동지혈사』를 썼다. 이 책의 서술 논조와 분위기를 보면 그는 언젠가 한민족은 반드시 독립할 것이라는 확신을 가졌던 것 같다. 이 확신의 근거는 농부·나무꾼·부녀자·아이들·무당·점쟁이에 이르기까지 모든 사람이 3·1운동에 참여한 것에서 오는 것이었다. 박은식은 한민족 개개인의 뇌리 속에 항일의식이 강하게 자리하고 있기 때문에 국혼이 어느 민족보다 강하다고 자부하였다. 그런 까닭에 그는 독립은 오직 시간문제라고 확신하였다.

3·1운동, 맨 손의 독립투쟁

1919년 3월 1일은 2,000만 한민족이 맨손으로 피를 흘리며 일본 식민통치에 항거한 날이다. 3·1운동은 일본의 무단통치 아래서 10년의 세월을 견디던 한민족이 고종의 장례식을 계기로 "독립만세"를 외치며 일으킨 거족적인 만세 시위다. 일제는 강제병합 이후 조선총독부를 설치하고 언론·출판·집회·결사의 자유 등 기본권을 말살하였다. 또 1910년부터 1918년에 걸쳐 시행된 토지조사사업으로 농민들은 토지를 상실한 반면 일본인들은 토지 소유가 인정되어 싼 값에 토지를 사들였다. 농촌에서는 지주의 권리가 강화되어 소작농의 생활은 날이 갈수록 어려워졌으며, 도시에서는 같은 공장에서 똑같은 일을 하는 조선인의 임금이 일본인과 비교하면 많이 부족하였다. 그뿐만 아니라 조선인은 일본인의 온갖 뒤치다꺼리와 인간적인 모멸감을 참아내야 하였다. 일본이 식민통치를 시작한 10년 동안 일본인에 대한 불만은 높아만 갔다. 마침내 1919년 3월 1일 전국에서 독립만세 시위가 일어났다.

조선총독부가 시위 군중을 해산시키려고 말을 타고 칼을 휘둘러도 군중은 칼날을 무릅쓰고 전진하니 그 기세는 거센 파도와 같았다. "대한독립만세"를 외치면서 대한문으로 나아간 군중은 태황제의 유해를 모셔둔 혼전에 나아가 세 번 절하며 계속해서 만세를 불렀다. 이들은 서대문을 돌아 태평로를 지나 미국 영사관에 이르렀다. 이때 어떤 학생이 손가락을 깨물어 태극기에 '대한독립'이라고 썼다. 그리고 그 태극기를 높이 들고 군중을 인도하여 미국 영사관 앞에 이르니 미국 영사는 문을

태화관

열어 환영하였다.

　만세 시위가 시작되던 그 시각 민족대표 33인은 장소를 바꾸어 종로 태화관에 모였다. 왜 이들은 장소를 바꾸었을까. 이들이 만일 탑골공원에 나타난다면 흥분한 군중이 자칫 폭력사태를 일으킬 우려가 있기 때문이었다고 한다. 운집한 학생과 시민이 일본 경찰과 충돌할 경우 불상사가 생길 수 있으며 폭력사태가 일어나는 것은 비폭력과 평화적 시위를 원칙으로 하는 독립선언의 취지에 어긋난다는 것이 민족대표 33인이 독립선언의 장소를 바꾼 이유였다. 오후 2시 종로 태화관에 모인 민족대표는 29명이었다. 길선주·유여대·정춘수는 늦게 참석하였고, 김병조는 중국으로 탈출하였기 때문이다. 민족대표들은 보성사에서 인쇄

해 온 「독립선언서」를 돌려 보는 것으로 낭독을 대신하였다. 사회를 맡은 최린이 한용운에게 간단한 식사式辭를 부탁하였다. 한용운은 다음과 같은 내용의 식사를 하였다.

"오늘 우리가 집합한 것은 조선의 독립을 선언하기 위한 것으로 자못 영광스러운 날이며, 우리는 민족대표로서 이와 같은 선언을 하게 되어 그 책임이 중하니 금후 공동협심하여 조선독립을 기도하지 않으면 안된다."

그리고 각자 건강을 기원하는 축배를 들면서 만세 삼창을 선창하였다. 손병희는 최린에게 경무총감부에 전화를 해서 독립단 대표들이 태화관에 모여 있다는 사실을 알리게 하였다. 경무총감부는 즉시 헌병과 경찰을 파견하여 대표들을 연행해 갔다.

「독립선언서」 말미에는 비폭력과 평화적 시위를 다짐하는 공약삼장 公約三章이 있다. 일종의 행동강령이라고 할 수 있는 공약삼장은 아래와 같은 세 가지 사항이다.

- 금일 우리의 이 거사는 정의·인도·생존·존영을 위하는 민족적 요구이니, 오직 자유적 정신을 발휘할 것이요, 결코 배타적 감정으로 일주하지 마라.
- 최후의 한 사람까지 최후의 한순간까지 민족의 정당한 의사를 쾌히 발표하라.
- 일체의 행동은 가장 질서를 존중하여 우리의 주장과 태도로 하여금 어디까지든지 광명정대하게 하라.

「기미독립선언서」

공약삼장은 인도적 차원에서 질서를 존중하되 우리의 독립이 정당하다는 의사를 최후의 한 사람이 남을 때까지 그리고 그 마지막 한 사람이 쓰러지는 그 순간까지 정정당당하게 발표하자고 약속하였다. 이 얼마나 무서운 말인가. 공약삼장에는 죽음을 각오하고 독립이 성취되는 그 순간까지 평화적으로 투쟁하겠다는 뜻이 담겨 있었다. 무저항·비폭력 운동을 총칼로 진압하는 것은 큰 재앙을 자초한다. 저항하지 않는 사람에게 폭력을 행사하는 것은 비겁한 일이기 때문이다. 세상 사람들은 그 비겁함을 용서하지 않는다. 강한 무력에 대항하여 승리를 얻을 수 있는 유일한 방법은 비폭력·무저항 시위이다. 3·1운동은 많은 희생을 각오하고서라도 꼭 독립을 쟁취하겠다는 의지가 담긴 무저항의 저항운동이었다.

사실 이「독립선언서」는 문맹률이 70%가 넘었던 그 당시 상황에서 많은 사람이 이해하기는 어려웠다. 조선인들에게 중요한 것은 선언서에 담긴 내용이 아니라 국권상실 이후 일본인들로부터 받은 학대와 멸시였다. 일제의 일관된 식민정책은 조선인을 일본인으로 만든다는 동화정책이었다. 이 정책은 조선인을 경제적이나 문화적으로 일본인 수준으로 끌어 올리는 것이 아니었다. 조선인으로 하여금 일본 문화를 따르게 하되 어디까지나 하수인으로 일본인에게 충실하게 봉사할 것을 강요하였다. 이처럼 일본인으로부터 받는 모멸감은 조선인에게 참을 수 없는 것이었다. 일제는 조선인에게 고등교육을 허락하지 않았다. 그런 까닭에「독립선언서」에 담긴 어려운 내용을 모른다고 할지라도 조선이 일본으로부터 독립되어한다는 사실은 조선 사람이면 누구나 공감하였다.

박은식은 해외에서 3·1운동 소식을 들었다. 그는 평생을 일관되게 주장하였던 민족혼이 살아있음을 3·1운동에서 확인할 수 있었다. 그는 독립이 멀지 않았다는 것을 확신하면서『한국독립운동지혈사』를 쓰기 시작하였다. 그가 이 책을 쓰는 것은 3·1운동의 장엄한 모습을 생생한 역사기록으로 남겨야 한다는 사명감 때문이었다. 후일 독립이 되었을 때 우리의 자손들이 다시는 이런 아픔을 겪지 않아야 한다는 교훈을 남겨주어야 하였다. 그는 결연한 심정으로 펜을 들고 이 뼈저린 아픔의 역사를 한줄 한줄 써내려갔다. 만세 시위 현장에서 전해오는 잔혹한 이야기와 감옥에서 행해지는 고문의 참상을 그려내고자 하였다. 동포들이 겪었던 아픔과 고통 그리고 절망이『한국독립운동지혈사』속에서 독립의 약속으로 되살아났다. 그렇기 때문에 이 책의 이름을 '한국독립운동을 기록한 피의 투쟁사'라고 지었다.

  3월 1일 오후 2시 탑골공원에서 시작된 만세 시위는 그날 하루만 있었던 것이 아니었다. 이튿날도 그 다음날도 만세 시위는 계속되어 그 해 5월 말까지 지속되었다. 이것은 3·1운동이 단순히 우발적인 사건이 아닌 사전계획과 독립을 쟁취하겠다는 뚜렷한 목표를 갖고 시작된 시위라는 것을 뜻한다. 일제가 헌병과 경찰을 동원하여 잡아들인 조선 사람의 수는 1만여 명이나 되었다고 한다. 조선총독부는 날마다 계속되는 만세 시위를 진압하기에 병력이 부족함을 느꼈다. 조선총독 하세가와 요시미치長谷川好道는 본국에 군대를 더 보내줄 것을 타전하였다. 새로 투입된 병력들은 한국에 상륙하자마자 시위현장에 투입되어 학살을 자행하였다. 일본 헌병과 경찰의 무자비한 탄압에도 만세 시위는 그해 5월 말까지 전국에서 일어났다. 이 만세 시위는 외국의 주재 기자들을 통하여 지구촌 곳곳에 보도되었다.

  3·1운동으로 가장 놀란 것은 일본 당국이었다. 그들은 지금까지 대외적으로 조선인들이 식민통치에 기꺼이 협력하고 있으며, 경제적으로도 성장을 거듭하고 있다고 선전하였다. 이제 그것이 거짓말이었다는 것이 만천하에 드러나게 된 셈이다. 이 시기에 폐간되었던 신문이 되살아났다. 일본은 강제병합을 단행하고 조선인이 발행하던 모든 신문과 잡지에 대해서 출간하기 전에 사전검열을 받도록 하였다. 총독부의 입장에서 보았을 때 불온한 기사는 사전에 모두 삭제되었다. 이러한 상황에서 한민족의 자주 독립을 고취시킬 수 있는 신문이 살아남을 방법은 없었다. 그런데 이 시기에 사라졌던 신문들이 되살아났다. 3월

표 1 독립운동 일람 총계표

1	부군수(府郡數)	211
2	집회 횟수	1,542
3	집회인 수	2,023,098
4	사망자 수	7,509
5	부상자 수	15,961
6	투옥자 수	46,948
7	소실교회 수	47
8	소실학교 수	2
9	소실민가 수	715

1일 이후에 『독립신문』·『자유신종』·『반도목탁』·『혁신공보』·『대동신문』·『국민신보』 등이 발간되었다. 이 신문들은 누가·어디서·어떻게 만드는지 모르지만 등사 또는 인쇄 형식으로 날마다 1만여 매씩 발간되어 민족혼을 되살리고 만세 시위의 기폭제 역할을 하였다. 종이의 질도 좋지 않고, 글씨 또한 판독하기 어려운 부분도 있었지만 설사 글씨가 보이지 않는다고 하더라도 그 속에 담긴 내용은 가슴으로 이해가 되었다. 이 신문들은 「기미독립선언서」에 나타난 독립의 당위성과 함께 전국에서 일어난 만세 시위 현장의 참혹한 사실을 그대로 보도하였다.

박은식은 전국에서 일어난 만세 시위 사건에 대하여 집회 횟수·집회인 수·사망자 수·부상자 수·투옥자 수·소실 교회·소실 학교·소실 민가 등에 대하여 8도의 도별로 도표를 만들어 기록하여 놓았다. 전국 집계표를 소개하면 표 1과 같다. 이 집계표는 1919년 3월 1일부터 같은 해 5월 말까지 전국에서 발생한 상황이라고 한다.

우리는 표 1에서 전국에서 200만이 넘는 사람이 만세 시위에 참가하였다는 사실을 알 수 있다. 당시 2,000만 인구 가운데 10%가 넘는 사람들이 시위에 참가하였다. 이 가운데 어린아이나 노약자들을 제외한다면 참가율은 훨씬 높아진다. 사망하거나 부상을 입거나 감옥에 투옥된 사람을 합치면 70,418명이다.

『한국독립운동지혈사』는 한국인의 독립운동 가운데 특별하고 의미 있는 일들을 기록하였다. 그 가운데 한때 일본에 충성하였지만 그 본심에 늘 독립을 염원하였던 대표적인 지성인의 상이 담겨 있다. 경학원 대제학과 부제학이었던 김윤식金允植과 이용직李容稙은 강제병합 이후 일본으로부터 작위와 은사금을 받았다. 하지만 3·1운동이 일어나자 이들은 조선총독 하세가와에게 강제병합이 부당하므로 독립문제를 일본 천황과 협의해 달라는「대일본장서」를 보냈다.

김윤식은 1894년 갑오경장 때 군국기무처 회의원 겸 강화부 유수를 거쳐 김홍집 내각의 외부대신이 되었다. 1910년 지금의 서울대학교 총장에 해당되는 경학원 대제학에 발탁되었다. 강제병합 이후 중추원 부의장을 지냈다. 중추원은 조선총독의 자문기관으로 총독부가 친일귀족과 지방 유지들을 무마하고 회유할 목적으로 만든 어용기관이다. 그는 강제병합 이후 일본으로부터 자작이라는 귀족 칭호와 은사금 5만 원을 받았다. 이후 경학원 대제학을 지냈으나 이 사건으로 작위를 박탈당하고 3년 집행유예를 선고받았다.

이용직은 1907년 헤이그특사사건을 빌미로 일제가 고종에게 퇴위를 강요하였을 때 고종의 양위讓位를 찬성한 인물이다. 1909년에 친일파로

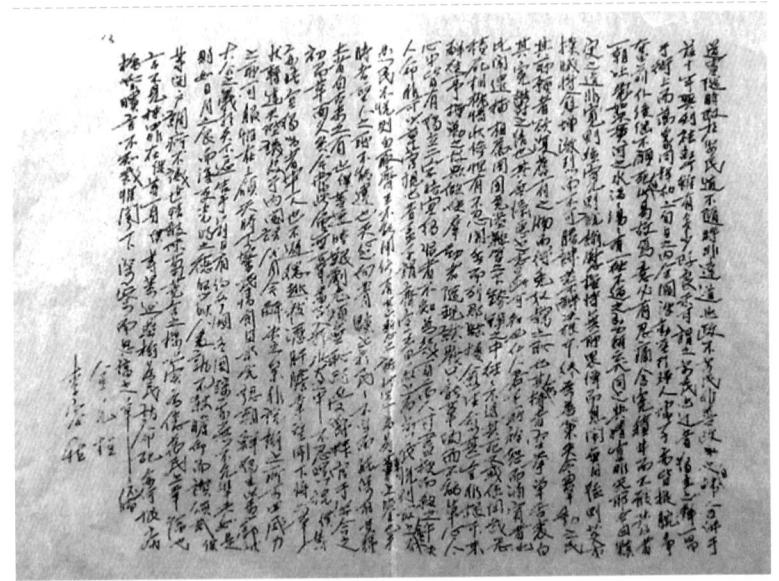

김윤식 등의 「독립요구서」

이완용 내각 학부대신에 발탁되었다. 하지만 1910년 8월 18일 각의에서 강제병합 조약안이 논의되자 "이 망국안은 목이 달아나도 찬성할 수 없다"고 반대하였다. 그러자 총리대신 이완용은 그해 일본에서 발생한 큰 수해를 위로하는 위문사절로 이용직을 특파하였다. 이 때문에 8월 22일 최후 어전회의에 참석하지는 못하였지만 강제병합 이후 그도 자작 작위를 받았다. 이후 총독부 중추원 고문을 역임하고 경학원 부제학을 지냈다. 이 사건으로 이용직 또한 작위를 박탈당하였다.

만일 박은식이 『한국독립운동지혈사』를 집필하지 않았다면 3·1운동이 어떻게 전개되었으며 사상자는 몇 명이었는지 어떻게 알 수 있었을까. 이러한 것을 생각하면 온몸에 전율이 느껴진다.

일본의 잔학성, 증언을 통해 고발하다

일제는 우리 민족의 정당한 의사표현을 야만적이고 잔혹하게 탄압하였다. 일제가 얼마나 악랄하게 독립운동을 탄압하였는지에 대해서는 『한국독립운동지혈사』에 자세히 기록되어있다. 박은식은 일제의 만행을 고발하고 생생한 기록으로 남겼다.

그는 우리 민족이 즉시 독립하지 못하고 일제의 만행이 지속되는 것에 대하여 다음과 같은 의문을 제기하였다.

"일인들의 불법만행은 이미 세계에 알려져 천하의 공평한 법에 의해 해결하여야 한다는 여론이 일어나고 있으나 어디에 공평한 법이 있다는 말인가. 공평한 법이 있다면 어찌 이렇게 잔인하고도 포악한 야만 인종이 인류사회에 마음대로 날뛰도록 놔둔단 말인가."

박은식의 이같이 통렬한 비판에도 불구하고 현실은 냉엄하여 일제의 만행은 계속되었다. 하지만 그 냉엄함 속에는 독립의 싹이 움트고 있었다. 박은식은 『한국독립운동지혈사』에서 일세가 연약한 부녀자를 얼마나 악랄하게 고문하였는지 사례를 통해 보여주었다.

3월 하순 경성 여학생 31명이 출감하여 곤욕 당하였던 일을 다음과 같이 밝혔다. 처음 수감되었을 때 무수히 구타당하고 발가벗겨져 알몸으로 손발을 묶인 채 외양간에 수용되었다. 밤은 길고 날은 혹독하게 추웠는데 지푸라기 하나도 몸에 걸치지 않았다. 왜놈들은 예쁜 여학생 몇 명을 몰래 데려와서 윤간하고는 새벽에 다시 끌고 왔는데 그들은 눈이 퉁퉁 붓고 사지에 맥이 빠져 있었다. 신문할 때에는 십자가를 늘어놓고 말하기를 '너희는 예수교 신도이므로 십자가의 고난을 겪어 보아야 한다. 일본 경찰은 여자고등보통학교 학생 노영렬을 나체로 십자가 위에 반듯이 눕히더니 이글이글 타는 화로를 옆에 놓고 쇠꼬챙이를 시뻘겋게 달궈 유방을 서너 번 찔렀다. 그리하여 결박을 풀고 칼을 휘둘러 사지를 끊으니, 전신이 호박처럼 되어 선혈이 낭자하였다. 또 다른 십자가로 옮기어 머리채까지 다섯 군데를 묶은 뒤 고약을 불에 녹여 머리·음문·좌우 겨드랑이에 붙여 식자 힘껏 잡아뗐다. 털과 살이 달라붙고 피가 쏟아지니 왜놈들이 손뼉을 치며 낄낄댔다.

대체로 수감된 여인들은 반드시 발가벗겨 신문장에 세워두고 먼저 대바늘로 온몸과 손톱 밑을 난자하여 그 고통으로 정신을 잃게 한다. 왜인들은 입에 담을 수 없는 욕설을 하며 얼굴에 침을 뱉고 머리털을 뽑는다.

일본 헌병과 경찰은 한국 여성들을 고문할 때 제일 먼저 옷을 발가벗겼다. 500년 동안 유교적인 관습 속에서 살아온 여성들의 옷을 벗기고 극형을 가했다. 모욕적이고 가혹한 고문으로 굴욕적인 수치심을 느낀 이들은 차라리 곱게 죽여주기를 원하였을 것이다.

당시 일제의 만행과 감옥 안의 상황을 서술하는 데 있어 『한국독립운동지혈사』보다 더 생생한 기록을 찾을 수 없다. 감옥에서 석방된 사람

3·1운동 당시 학생이었던 노영렬 여사가 당하였던 인두지짐 고문

쇠못 상자 고문

이 증언한 사실 가운데에 실린 몇 가지를 소개하면 다음과 같다.

신문을 받는 사람은 우선 옷을 벗긴다. 한쪽 팔은 잔등 위를 향하게 하고 다른 한쪽 팔은 겨드랑이 밑으로 내보내어 두 손이 등 위에서 서로 겹치게 한다. 그러고는 두 개의 엄지손가락을 묶어 천정에 걸어 사람을 공중에 매달아 놓는다. 3~4분 시간이 지나면 몸이 늘어져 두 발이 땅에 닿게 되며, 전신에 땀이 흐르고 심지어는 대소변을 싸기까지 한다. 심문하는 관리란 자는 책을 보기도 하고 바둑을 두기도 하며, 또 잠자기도 하며 본 척도 않는다. 4~5시간 후 혓바닥을 내밀고 숨이 끊어지려 하면 의사가 와서 깨어나게 한다. 이렇게 며칠 간 이런 일이 계속되면 엄지손가락과 살이 무르고 뼈가 드러난다.

신문을 받는 사람을 나무 상자에 가둔다. 상자의 3면은 날카로운 못 끝이 안으로 뻗게 하였으며 높이는 약 120cm에 불과하다. 사람이 구부리고 그 속에 들어가게 하여 4~5시간 동안 못 본 척한다.

두 팔을 등 뒤로 묶고 얼굴을 젖혀 등과 일직선이 되게 하여 콧구멍에다 뜨거운 물을 들이붓는다.

신문할 때 강경한 태도로 나오는 사람은 그 자리에서 때려죽인다.

이 사실들은 독립투사들이 일본 헌병·경찰·간수에게 당한 고통을 박은식이 직접 듣거나 기록을 통해서 확인한 것들이다.

　박은식은 식민지 치하에서 독립을 쟁취하기 위해서는 그 어떠한 수단과 방법도 정당하다고 여겼다. 평화시에는 실정법을 위반하여 죄가 되는 행동일지라도 그것이 독립을 위한 것이라면 범죄가 되지 않는다. 예를 들어 독립전쟁 수행하기 위하여 무기가 필요하다. 그래서 군자금을 만들기 위해서 은행 강도 행위를 하였다. 이것은 평상시에는 죄가 되지만 식민지 피압박민족의 독립운동이라는 측면에서 보면 죄가 되지 않는다. 식민지 피압박민족은 생존권을 위협받는 전쟁 상황에 처해 있기 때문이다. 전쟁터에서 적군을 섬멸하기 위한 모든 행위는 법적 판단 기준을 넘어선다.

　안중근 의사는 하얼빈 역에서 이토 히로부미를 사살하였다. 이것은 분명한 살인행위이지만 우리는 모두 안중근을 '의사'라고 부른다. 안중근 의사는 일본 법정에서 자신은 대한육군참모중장 자격으로 침략의 원흉 이토 히로부미를 사살한 것이기 때문에 포로로 대우하여야지 형사범으로 대우하는 것은 부당하다고 하였다. 즉 전쟁터에서 적을 사살한 것이기 때문에 죄가 되지 않는 것이다. 전시 상황이기 때문에 적군을 섬멸하기 위한 모든 수단은 정당하다. 식민지 해방전쟁에서 가장 시급한 것은 독립을 쟁취하는 것이다. 세상 그 어떤 것도 생명보다 귀할 수는 없다. 나의 생명이 위협받는 순간 생명을 지키기 위한 모든 수단은 법적 가치 판단을 넘어선다.

　3·1운동의 결과 가운데 큰 성과는 상하이에 임시정부가 탄생하였다는 것이다. 임시정부는 3곳에 수립되었다. 3·1운동 이전에 이미 민족

상해임시정부 청사

이승만과 임시정부 각료

해방운동 총본부로서 임시정부 수립의 필요성이 제기된 바 있으나 구체화 된 것은 이 운동을 전후한 시기였다. 제일 먼저 임시정부가 성립된 곳은 러시아 연해주였다. 블라디보스토크에서 성립된 한족중앙총회가 국민의회로 개편되어 정부 형태를 갖추었다. 다음은 중국 상하이였다. 이곳에서는 3·1운동 이전에 신한청년당이 조직되어 파리강화회의에 김규식을 대표로 파견하는 등 활발한 활동을 하고 있었다. 국내에서 3·1운동이 발생한 이후 독립운동가들이 상해로 모여들자 '독립임시사무소'를 설치하고 1천여 명이 모여 임시의정원을 구성하였다. 세 번째는 서울에서 조직된 한성임시정부였다. 3·1운동 직후 서울에서 조직되어 13도 대표자의 이름으로 「국민대회취지서」와 「선포문」을 발표하였다. 이처럼 임시정부가 세 곳에서 성립되자 자연스럽게 통합 문제가 제기되었다. 임시정부 통합문제는 상하이와 연해주에서 수립된 정부를 없애고 국내에서 성립된 한성정부를 승계하되 위치는 당분간 상하이에 둔다는 것으로 결론지었다. 상해임시정부의 대통령과 각료 명단은 아래와 같다.

대통령 : 이승만   국무총리 : 이동휘
외무총장 : 박용만   내무총장 : 이동녕
재무총장 : 이시영   군무총장 : 노백린
법무총장 : 신규식   학무총장 : 김규식
교통총장 : 문창범   참모총장 : 유동열
노동국총판 : 안창호

임시정부는 임시헌법과 비밀 통신조직인 연통제를 제정하여 내외에 반포하였다. 그리고 사료편찬부를 두어 한일교섭의 유래와 3·1운동의 상황 및 일본인이 저지른 학살만행을 기록하여 국제연맹에 제출할 준비를 하였다.

일제의 만행을 세계에 알린 독립운동사

한국은 일본의 무단통치에 항거하여 온 국민이 3·1운동에 참가하였다. 박은식은 식민통치를 거부하는 비폭력 시위운동을 전개하면 세계인들이 한국은 독립할 자격이 충분하다고 인정하여 한국의 독립을 승인할 것이라고 믿었다. 그는 한국이 처한 국내외적인 여러 현실적인 조건으로 보아 독립운동 방법으로 비폭력 시위운동이 가장 적절하다고 생각하였다. 박은식은 책을 써서 동포들에게 독립의 확신을 심어주고 문명인으로서 자부심을 불어 넣고자 하였다. 『한국독립운동지혈사』는 한국인 독자를 염두에 두고 쓴 책이지만 외국인 독자를 고려하여 쓴 면도 보인다. 『한국통사』는 눈물로 쓴 역사이고 『한국독립운동지혈사』는 피 흘리며 투쟁한 현장을 기록한 투쟁사이다. 지난날의 눈물은 이제 혁명의 피로 변하였고 이 피는 세계인들로부터 동정의 눈물을 얻게 하였다. 맨손으로 만세를 부르던 한국인들이 일본 헌병과 경찰이 휘두른 총칼에 쓰러져 가는 모습을 세계인들은 언론 보도를 통해 지켜보았다. 박은식은 3·1운동에 대한 각국의 반응을 전하였다.

먼저 한국과 가장 가까이 있으면서 일본에 위협을 받고 있던 중국의 반응은 매우 호의적이었다고 한다. 4월 5일 중국 광동성 국민의회 강기호康基鎬 등 331인이 베이징 정부 파리 특사에게 전보를 보냈다. 그 내용은 파리평화회의에서 한국독립을 승인하는 문제를 다루고 이를 성사될 수 있도록 지시해달라는 것이었다. 지난날 조약에서 중국이 한국의 독립을 승인한 것은 명확한 사실이며, 한일 강제병합을 공식적으로 승인한 적이 없다고 하였다. 중국 각계 연합회 평의회는 한인 원조의안을 만장일치로 통과시키고 이를 발표하였다. 조선의 독립을 세계 여론이 동조하고 있으며 국제회의에서도 한국의 독립을 의제에 올린다는 것이 주요 내용이었다. 또 중국은 한국과 서로 밀접한 관계로 형제나 다름없으며 세계인들은 한국 문제에 대하여 진지하게 연구·검토하고 있다고 밝혔다. 중국 각계 연합회 평의회는 민족자결주의가 확산되는 기세를 억제할 수 없으니 이 일은 반드시 실현될 것이라고 낙관하였다.

근대 중국의 국부 쑨원孫文과 중화민국 초대 총리 탕사오이唐紹儀는 만주와 한국 문제에 세계인들이 관심을 가질 수 있도록 여론을 환기시켜야 한다고 주장하였다. 이번 국제연맹회의는 영국·프랑스·일본이 큰 비중을 차지하고 있으므로 한국 문제가 의제로 상정된다고 하더라도 목적을 달성하기 어려울 것이다. 하지만 동이시아 전체를 위하는 견지에서 본다면 한국의 독립이 가장 긴요한 것이라고 할 수 있다. 다른 중국의 요인들과 지성인들은 중국의 안전을 위해서도 한국의 독립은 절대적으로 필요하다는 입장을 밝혔다. 더구나 일본의 식민통치가 잔혹하다는 것이 세계에 알려진 이상 인도적 차원에서도 한국의 독립은 보장되어야 한다는 견해를 피력하였다.

서재필

　중국뿐만 아니라 태평양 건너 미주 지역에서도 한국의 독립은 중요한 문제로 부각되었다. 서재필은 갑신정변의 주역으로 정변의 실패 이후 미국으로 건너가서 펜실베이니아 의과대학을 졸업하고 필라델피아에서 개업하였다. 그는 여러 명사와 대한독립협회를 조직하고 한국의 친한 친구 미국이 극동의 민주주의를 옹호해주기를 호소하였다. 서재필의 노력으로 미국에서는 한국의 독립이 보장되어야 한다는 여론이 형성되기 시작하였다. 미국의 종교계와 교육계에서도 한국의 독립이 보장되어야 한다는 결의안이 채택되었고, 시카고 장로교회는 한국인을 위한 항의서를 정부에 제출하고 일본 당국으로 하여금 야만정책을 버릴 것을 요구하였다.
　3·1운동은 세계적으로 큰 파장을 일으켰으며 미국에서는 지금까지 모르고 지냈던 한국에 대한 인식을 새롭게 했다. 미국 하와이 농장주들은 3·1운동의 소식을 듣고 일본인 노동자를 해고하고, 대신 한국인 노동자를 고용하였다. 봉급도 일본인보다 3~4배 더 주었다고 한다. 또 한국에 있는 어느 미국인 선교사는 윌슨 대통령에게 한국의 독립을 청원하는 서신을 보냈다. 그는 자신이 직접 3·1운동 현장을 보았기 때문에 한국의 실정을 잘 알고 있으며 일본인은 이 사건을 지극히 야만적이며 잔인하고 혹독하게 진압하였다고 밝혔다. 그런 까닭에 한국이 독립을 주장하는 것은 정당하며 이것은 관철되어야 한다는 내용의 서신이었다.
　이 밖에도 러시아 국민당은 한국의 독립을 지지하는 성명을 발표하였으며, 영국 하원의원에서는 『타임스』 기자 멕켄지F.A. Mekenzie의 제안으로 한국인친우회를 조직하였다. 그는 독립운동이 벌어지는 현장을 많이 촬영하였는데, 이 사진들은 오늘날 당시 현장을 볼 수 있는 귀중한 사료가 되었다. 또 『자유를 위하여 싸우는 한국The Fight for Korea』라는 책을 발간하기도 하였다. 프랑스 파리인권회의에서도 한국문제를 의제로 다루었으며 체코의 용장 카르다 장군은 "체코는 오랫동안 노예의 치욕생활을 하다가 오늘 다시 살아나게 되었다. 한국도 통일·인내·용전의 세 가지로 실천한다면 독립을 완성할 수 있을 것이다"라고 하였다.

멕켄지

이처럼 세계 각국 단체와 저명인사들은 3·1운동이 모든 계층이 참여한 대규모 비폭력 항일운동이었다는 것을 알게 되었다. 세계인들은 일본이 시위자들을 잔혹하게 사살하는 것을 보도를 통해 지켜보았다. 나아가서 한국인들이 감옥에서 인간 이하의 고통을 받고 있다는 사실도 알게 되었다. 그들은 세계회의에서 이 문제를 의제로 다루어 달라고 요청하였다. 또한 각국 행정 수반들에게 청원서를 제출하여 일본의 비인도적 처사를 고발하였다. 해외에 3·1운동의 진상을 알리려는 한국인들의 노력은 당장 효과가 나타나지는 않았다. 하지만 후일 이것이 한국이 독립할 수 있는 큰 힘으로 작용하였다.

3·1운동은 남녀노소와 지식층에서 농부와 도시 빈민에 이르기까지

모든 사람들이 일제의 폭압에 항거하여 일어난 최대의 항일운동으로 일본의 간담을 서늘하게 하였다. 3·1운동은 수많은 한국들의 목숨을 바친 성스러운 운동이었다. 비록 사정이 있어 만세 시위에 참석하지 못한 사람들까지도 한국인이라면 모두 일본의 식민지배를 거부하였으며 만세 시위에 마음으로 호응하고 지지하였다. 박은식은 이 숭고한 희생을 세계에 알리는 것이 자신의 소임이라고 생각하였다. 한국인은 일본의 지배를 거부하며 한국은 일본으로부터 독립되어야 한다는 사실을 알리고 세계인들의 공감을 얻고자 했다.

독립을 얻기 위해 목숨을 바치고 상처를 입었지만 그렇게 많은 피를 흘렸음에도 독립은 이루어지지 않았다. 그러나 박은식은 실망하지 않았다. 3·1운동이 전개되는 것을 보면서 독립을 확신하였기 때문이다. 그는 3·1운동으로 국혼이 살아있음을 보았다. 비록 지금은 국권을 상실하고 남의 나라에서 망명 생활을 하고 있지만 언젠가는 해방을 맞아 고국으로 돌아가리라 믿었다. 이를 위하여 그는 『한국독립운동지혈사』를 집필하였다. 이 책은 동포들에게 희망과 용기를 주고 3·1운동의 참상과 일본의 만행을 세계에 알리기 위한 것이었다.

10 『한국통사』와 『한국독립운동지혈사』가 왜 고전인가

민족의 시련을 담은 수난사

『한국통사』와 『한국독립운동지혈사』는 우리 역사상 최대의 시련기에 발간되었으며, 민족의 수난사를 담고 있다. 시련은 사람을 강하게 만들기도 하고, 때로는 죽음으로 몰아넣기도 한다. 자신의 능력으로 극복할 수 있는 시련은 보약이 되어 사람을 건강하고, 거듭나게 만들지만 시련이 너무 강하면 도태되고 만다. 박은식은 이 두 권의 책에 지금부터 채 100년이 안되는 국권을 상실한 수난기에 당시 사람들은 어떤 좌절과 고통을 겪었는지, 그리고 한반도를 둘러싼 주변국들의 움직임은 어떠하였는지를 기록하였다.

박은식이 『한국통사』에서 제시하고 있는 국권상실의 원인은 대체로 이러하다.

첫째, 조선의 조정이 당쟁에 휩싸여 민생에 힘쓰지 못하고 불필요한 정쟁을 일삼았다.

둘째, 조세 수취체제가 문란해져 백성은 먹고 살기도 어려운데 각종 명목의 세금 부과가 과중하였다.

셋째, 외세의 침략에 대하여 내부적으로 일치단결하여 대응하지 못하고 사분오열되어 국정의 혼란이 계속되었다.

넷째, 관리들은 외세에 저항할 생각은 하지 못하고 강한 외세에 빌붙어 일신의 안락을 도모하려고 혈안이 되어 있었다.

다섯째, 조선왕조의 관리들은 매관매직이 성행할 정도로 부패할 대로 부패하였다.

여섯째, 서구 근대문물을 수용하여 근대화하는 데 실패하였다.

일곱째, 이러한 상황에서 일본의 침략은 치밀한 계획하에 집요하고 지속적으로 전개되었다.

그 과정에서 정치적으로 친일세력을 형성하여 그들로 하여금 정치적 선동과 약탈을 일삼았다.

박은식은 『한국통사』에 망국의 참상만을 제시한 것이 아니라 국권이 상실되는 과정에서 있었던 한민족의 저항을 소상하게 기록하였다. 외세의 침략에 맞서 목숨을 돌보지 않고 국권회복에 나섰던 의병전쟁, 침략의 원흉들을 처단한 의열투쟁, 국민의 의식을 계몽하기 위해서 언론과 강연 등을 통해 전개하였던 애국계몽운동 등을 소상하게 기록하였다. 이러한 기록들은 후세 사람들이 당시의 상황을 이해하는 데 큰 도움을 준다. 이 책은 시련의 참상을 자세히 기록하였을 뿐만 아니라 시련을 극복할 수 있는 방법과 용기를 주었다.

『한국독립운동지혈사』는 북으로는 함경북도에서 남으로는 제주도에 이르기까지 전국에서 남녀노소 지위고하를 막론하고 3·1운동에 참여하였다고 전한다. 그리고 구체적인 피해 상황을 통계 수치로 제시하였다. 뿐만 아니라 수천 명의 군중이 만세 시위에 참여하여 만세를 부르는 모습을 담은 사진들을 『한국독립운동지혈사』에 화보로 제시하고 있다. 만세 시위를 진압하는 일본 군경들의 사진과 불탄 시가지와 민가, 일본군이 시위 군중을 십자가에 묶어 놓고 처형하는 장면의 사진을 실어 일본의 만행을 규탄하였다. 일본군과 경찰에 의해 귀가 잘린 사람, 시위 현장에서 부모를 잃고 울고 있는 어린아이들의 화보를 증거 자료로 실었다. 이 책에는 만세 시위 현장에서 이름 없이 쓰러져간 사람들의 처참한 모습과 고문으로 살점이 찢기고 불에 달군 인두로 가슴이 타들어 간 우리 어머니와 누이의 고통이 기록되어 있다.

박은식은 『한국통사』에 일본의 침략과정과 식민통치 방식을 고발하였을 뿐만 아니라 엄정한 자기반성을 담고 있다. 모든 역사적 사건에는 외부 요인과 내부 요인이 있기 마련이다. 일본 침략이 외부 요인이라면 우리의 대응은 내부 요인이라 할 수 있다. 그는 일본의 잔혹성만을 고발하지 않았다. 눈을 내부로 돌려 우리의 현실 문제와 외세의 대응 자세를 비판하였다. 외부 요인이 강히었던 것은 틀림없는 사실이지만 우리의 내부 또한 단결된 모습을 보이지 못하고 분열되어 서로 간의 반목과 갈등이 심하였던 점 또한 지적하였다.

우리 민족은 과거 찬란한 역사를 가진 문화민족이었지만 조선시대에 들어와서 외국과 교류를 단절하고 내분을 겪으면서 국제사회의 흐름을 읽지 못해 비운의 역사를 겪게 되었다. 박은식은 이 두 권의 책 속에 그

과정을 밝히고 내부적 문제점의 원인을 분석하고 반성하였다.

고전은 시대를 넘어서 언제나 변함없이 읽을 만한 가치가 있는 책이라고 한다. 이 두 권의 책은 우리가 어떻게 국권을 상실하였는지, 어떤 과정을 거쳐 독립하게 되었는지를 알 수 있는 생생한 기록을 담고 있다. 이 책들은 오늘 우리가 다시 이 땅에서 살아갈 수 있는 터전이 마련된 과정을 설명해주고 있다. 대한민국 국민이라면 모든 사람이 마땅히 읽어야 할 책이 아닐까. 그런 점에서 이 두권의 책은 우리의 영원한 고전이 될 것이다.

수난 극복의 독립투쟁사

『한국통사』와 『한국독립운동지혈사』는 수난의 역사와 함께 수난 극복을 위한 투쟁의 역사를 담고 있다. 『한국통사』는 일본의 침략사를 서술하고 있지만 중요한 사건마다 그 사건의 의미를 기록하여 독자들로 하여금 실상을 알게 하였다. 또 일본의 침략에 대항한 우리의 주체적인 면모를 서술하였다. 박은식이 『한국통사』를 일제 침략사 중심으로 서술한 것은 독립운동을 위한 투지를 소생시키기 위한 것이었다. 그는 우리의 부끄러움과 아픔을 알고 나면 오히려 그것을 극복할 방안이 그 부끄러움과 아픔 속에서 솟아날 것으로 생각하였다. 『한국통사』에는 국혼을 살려내기 위해 일제에 맞서 목숨을 초개같이 바쳤던 의병들의 항쟁 기록이 담겨 있다. 또 의열투쟁으로 침략의 원흉을 처단한 의사·열사의 의연한 모습과 을사늑약과 강제병합조약이 체결되었다는 소식을 듣고

광화문 기념비각 앞에서 만세시위에 호응하는 군중들

스스로 목숨을 끊은 순국지사들의 이름과 행적도 담겨 있다. 박은식은 독립을 얻는 방법은 한국인 모두가 일본의 정책에 불복종·비협력하는 것이라고 하였다. 이 방법은 큰 희생을 감수할 수밖에 없지만 현 상황에서는 최선의 방법이라고 생각하였다.

박은식은 자기반성을 통하여 독립을 쟁취하는 방법을 찾았다. 식민지가 된 현재 상황에서 우리 힘으로 일본을 제압하여 독립을 얻는 것은 불가능하다고 판단하였다. 힘으로 상대를 제압하는 것이 불가능하다면 국제 사회 여론에 호소하여 세계인들로부터 한국이 일본으로부터 독립하는 것은 당연하다는 공감을 얻어내야 했다. 3·1운동에서 우리 민족이 비폭력·무저항의 평화적인 시위를 전개하는 것을 보고 박은식은 독립을 확신하였다. 그는 이 평화적인 시위를 맨손의 혁명, 즉 다시 말해서 도수혁명徒手革命이라고 불렀다.

『한국독립운동지혈사』는 3·1운동이 일어나던 그날부터 시위 현장에서 일어났던 일들을 전한다. 독립을 향한 갈망과 일본 군경의 탄압 실상, 아울러 증거 자료인 화보를 수록하여 세계에 알린 현장 보고서적인 내용 등을 수록하였다. 또 그는 이 책에서 단지 한국인이라는 이유만으로 10년의 세월을 모욕과 학대를 받으며 신음했던 한민족의 분노를 기록하였다. 그 분노는 전국에서 활화산처럼 치솟았으며 총과 칼 그 무엇으로도 제압할 수 없었다. 앞사람이 쓰러지면 뒷사람이 나섰으며 성난 파도와 같이 걷잡을 수 없이 밀려 나갔다. 박은식은 3·1운동을 그 이전부터 수십 년간 국권을 회복하기 위해 싸워 온 한민족의 저항과 독립운동이 축적되어 일어난 필연적인 사건이라고 보았다.

국내외 정세가 변하고 있었다. 박은식은 이 변화로 일본 제국주의가 패망할 수밖에 없다고 보았다. 3·1운동은 국제적 선과 악의 투쟁에서 그 자체가 선인 약소민족이 앞장선 독립운동이었다. 한국인의 막대한 희생은 결코 헛되지 않고 반드시 독립을 쟁취할 것이었다. 박은식은 3·1운동이 국외의 독립운동과 연계시켜 발전하고 있으며 아울러 세계 변화에 조응하고 대세를 선도한다고 평가하였다.

박은식은 『한국통사』와 『한국독립운동지혈사』에서 무엇을 전하고자 하였을까? 그것은 일본 식민통치의 잔악상과 그것에 저항하는 한국인의 끊임없는 투쟁을 세상 모든 사람에게 알리는 것이었다. 그 목적은 독립을 얻기 위한 것이었다. 독립은 즉시 실현되지는 않았지만 결국은 실현되었다. 이 두 권의 책은 우리에게 독립을 얻게 해 준 원동력이 되었다. 이 책에 피 흘리며 죽어간 한국인의 이름이 모두 기록되어 있지는 않다. 그렇지만 이름 없이 죽어간 수많은 사람이 있었기에 독립은 실현될 수 있었고 그들의 죽음이 있었기에 오늘 우리의 삶이 있을 수 있다. 그러므로 『한국통사』와 『한국독립운동지혈사』는 오늘 우리가 읽어야 할 고전으로서 충분한 가치를 지니고 있다.

체계적으로 서술된 최초의 근대 민족주의 역사책

『한국통사』와 『한국독립운동지혈사』는 박은식이 망명 생활을 하던 중에 중국에서 발간된 것이라서 한문으로 출간되어있다는 약점이 있다. 이 두 권의 한국근대사는 전통적인 역사서술 방식이던 기전체·편년체와 같은 역사서술 방식에서 벗어나 근대 역사서술 방법인 주제별·사건별 편제 방식을 채택함으로써 과학적인 근대 역사 서술체제를 반영하고 있다.

첫째, 『한국통사』와 『한국독립운동지혈사』는 철저한 자료 수집과 실증적인 방법을 통하여 체계적으로 서술된 근대 최초의 역사서이다. 『한국통사』의 범례를 살펴보면 박은식은 집필과정에서 10여 종의 책을 참고하였다고 한다. 또 각종 신문자료·법령집·조약문 등을 많이 활용한 것으로 보인다. 1904년 이후 사건이 많아져서 자료를 수집하는데 허둥대느라 빠진 것이 있지 않을까 걱정했던 점으로 보아 이미 오래전부터 『한국통사』의 집필을 염두에 두고 자료를 수집하였다는 것을 알 수 있다. 『한국독립운동지혈사』는 임시정부에서 국제연맹이 일본 침략의 부당성을 입증하기 위해 편찬한 『한일관계사료집』과 각종 보고서·언론 보도 기사 등에 의거하여 저술되었다. 그 시대를 살던 박은식이 직접 보고 들은 사실을 실증적인 자료에 따라 서술하였기 때문에 가장 확실한 역사 서술이며, 방대한 자료와 체험에 기초하고 있기 때문에 체계적인 역사책이라고 볼 수 있다. 그뿐만 아니라 그 자체가 오늘날 귀중한 사료의 역할을 하기 때문에 오늘날 근대사를 연구하는 학자들은 수시로 이 책들을 열어 보고 참고하고 있다.

둘째, 『한국통사』와 『한국독립운동지혈사』는 과학적인 방법으로 서술되었다. 역사학에서 과학적 서술이라는 것은 단순한 사실 기록을 넘어서 다양한 변수들을 유기적으로 결합하고 그 도출된 결과를 합리적으로 설명해 내는 것을 말한다. 다시 말하자면 역사학은 과거 사실에 대한

인과관계를 규명하는 학문이다. 이러한 점에서 박은식은 탁월한 면모를 보이고 있다. 과학적 서술은 과거의 사실이 현재 시점에서 어떻게 해석되느냐 하는 문제에 명쾌한 해답을 줄 수 있어야 한다. 역사적 사실은 이미 지나가 버린 단순한 과거의 사실이 아니다. 그 결과는 알게 모르게 현실 속에 반영되어 있으며 오늘날 현실에서 과거 사실이 변해 온 흔적을 밝혀낼 수 있어야 한다. 박은식은 『한국통사』의 서술에서 종래의 역사 서술방식에서 벗어나 과학적인 분석과 해명을 해내고 있다. 이러한 그의 능력은 그가 서구 과학서적과 근대 인문서적들을 탐독하였기 때문에 가능한 것이었다.

셋째, 이 두 권의 역사책은 객관성을 유지하고 있다. 특히 『한국독립운동지혈사』에서는 사실에 근거하여 서술한 다음 그 뒤에 논論을 첨부하였다. 그것이 불충분하다고 생각되는 부분에는 자신의 관점을 나타내는 안按을 붙임으로써 객관성을 유지하였다.

넷째, 구체적인 사실을 통계표로 제시하고 있다. 박은식은 『한국독립운동지혈사』에서 3·1운동으로 촉발된 전국 만세 시위의 지역별 횟수, 사상자 수, 소실된 민가와 교회의 수 등을 통계표로 제시하고 있다. 이러한 역사서술 방식은 근내 역사학에서 사용되는 방법이다.

다섯째, 두 권의 역사서에는 근대적 비판정신이 담겨있다. 전통 사서는 삼강오륜이나 명분을 비판의 기준으로 삼았으나 여기에서는 독립운동을 실패하게 한 개관적인 원인이나 행동에서 그 기준을 찾고 있다. 『한국독립운동지혈사』는 제국주의 세력이 일삼던 침략과 약탈에 대응하여 평화적인 시위 모습을 소개하면서 박은식이 평소 생각하던 세계평화를 추구하는 내용이 담겨 있다.

이 책은 여러 가지 점에서 중요한 의미를 담고 있다.

첫째, 일제 침략에 투쟁하는 독립운동의 실상이 담긴 우리 민족이 영원히 기억해야 할 성전聖典이다.

둘째, 이 책은 일본의 한국 식민지배가 부당하다는 것과 한국인들의 독립투쟁이 평화적이었다는 것을 밝혔다.

셋째, 한민족의 독립운동을 탄압하는 일본의 대응이 잔혹하였다는 사실을 세계인들에게 알린 현장 보고서이다.

넷째, 이러한 점에서 『한국독립운동지혈사』는 한국의 독립을 실현하는데 크게 기여하였다.

다섯째, 『한국독립운동지혈사』는 세계평화를 갈망하는 한민족의 여망을 담고 있다.

이러한 점에서 『한국통사』와 더불어 『한국독립운동지혈사』 한국을 넘어서 세계인의 고전이 되기에 손색이 없다고 할 것이다.

임시정부 대통령에 취임하다 11

대한민국임시정부에 참여하다

3·1운동의 결과 성립된 상해 임시정부는 이역만리 중국 땅에 있었다. 국가가 성립되려면 국토·국민·주권이 있어야 한다. 상해 임시정부는 국토와 국민이 없었다. 국민이 없다는 것은 세금을 낼 사람이 없다는 것이다. 세금이 없으므로 재정상황이 말이 아니었다. 각료들 봉급은 고사하고, 기본적인 운영비가 늘 부족하였다. 이런 상황에서 1922년부터 임시정부는 안팎으로 큰 시련에 봉착하게 된다. 그 원인은 무엇보다도 대통령인 이승만이 외교활동에만 주력하여 워싱턴회의에 기대를 걸게 만들었고 상하이의 혼란을 전혀 수습하지 못하는 데 있었다. 여기에 사회주의 계열 인사들은 적극적인 무장투쟁을 주장함으로써 내부 갈등이 생기게 되었다. 이러한 문제를 해결하기 위해 상하이·만주·러시아·미주 등의 단체에서 파견된 약 120명의 대표들은 1923년 1월 3일부터 국민대표회의를 개최하였다. 박은식은 '국민대표회의 준비위원회' 명예

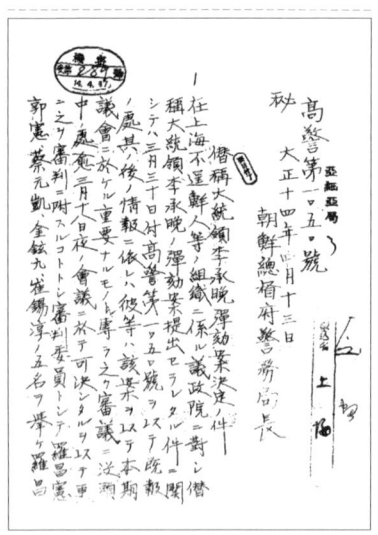

임시대통령 이승만 탄핵에 관한 일본정보보고서

회장으로 추대되었다. 그러나 이 회의에서 의견 통일이 이루어지기보다는 오히려 창조파와 개조파로 나뉘어 혼선만 가중되었다. 창조파는 임시정부를 해체하고 새로운 정부를 만들자고 주장하는 사람들로 박은식·이동휘·신채호 등이 주축을 이루었고, 개조파는 임시정부의 조직만을 개조하자고 주장하는 사람들로 여운형·김동삼·안창호 등이었다. 새로운 대안을 마련하고자 개최된 국민대표회의는 오히려 독립운동 노선을 분열시키고 말았다. 임시정부는 활로를 찾기가 어려웠다. 결국 미국에서 상하이로 건너오지 않고 분란만 가중시키는 이승만을 탄핵하기로 의견이 모였다. 조덕진을 비롯한 12명의 의원이 서명하여 탄핵안을 제출하였다. 이 탄핵안은 1923년 4월 28일 상정되어 토론을 거쳐 최창식 등 5명으로 특별위원회가 구성되었다.

탄핵안의 요지는 이승만이 대통령으로서 임무 수행을 태만하게 하고 공금을 유용한다는 것이다. 이 탄핵안은 즉시 처리되지 못하고 현실에 맞지 않는 임시헌법 개정건과 맞물려서 지체되었다. 1924년 9월 1일자로 임시대통령이 상하이로 귀환하기까지는 사고가 있는 것으로 간주한다는 결론이 내려졌다. 그해 12월 11일 박은식이 임시대통령 대리로 선출되었으며 내각도 새롭게 구성되었다. 새로 구성된 내각의 수반과 각료는 다음과 같다.

국무총리 겸 임시대통령 대리 : 박은식

내무총장 : 이유필

법무총장 : 오영선

학무총장 : 조상섭

재무 겸 외무총장 : 이규홍

교통 겸 군무총장 : 노백린

노동국총판 : 김갑

국무원비서장 : 김붕준

박은식은 임시대통령 대리로 선임되어 당면 문제들을 처리하였다. 12월 28일 내각과 의정원 요인들이 참석한 가운데 임시헌법 개정과 임시대통령 탄핵문제를 다루었다. 임시대통령 탄핵 문제는 1925년 3월 13일 곽헌郭憲·최석순崔錫淳·문일민文一民·고준택高俊澤·강창제姜昌濟·강경신姜景新·나창헌羅昌憲·김현구金鉉九·임득산林得山·채원개蔡元凱 등 10명의 의원이 발의하였다. 탄핵안을 상정한 사유는 다음의 세 가지였다.

첫째, 인구세를 독단직으로 처리하여 헌법 제14조에 서약한 사항을 위반한 것

둘째, 시사롭게 통치 영역을 두 군데로 나누어 미주 지역 정무를 임시정

부에서 분리한 것

셋째, 한성에서 선포된 약법을 내세워 자신을 선출한 헌법과 임시의정원을 부인한 점

'임시대통령 이승만 탄핵안'은 심사위원의 심사를 거쳐 '임시대통령 이승만을 면직함'으로 결정되었다. 이승만의 탄핵안이 가결된 그 자리에서 후임 선출이 있었다. 후임 제2대 대한민국임시정부 대통령은 작년 12월부터 개헌을 이끌어 왔던 박은식이 선출되었다. 후임 국무총리로는 노백린이 선출되었고 나머지 각료는 유임되었다. 임시정부 각료들은 이승만 탄핵을 마무리 지어가던 1925년 3월 10일 '구미위원부' 폐지령을 통과시켰다.

구미위원부는 이승만이 1919년 5월에 한성임시정부의 집정관총재의 자격으로 워싱턴에 집정관총재 사무소를 설치하고 외교활동을 하였던 기구이다. 8월에 명칭을 한국위원회로 개칭하였다. 9월 그가 임시정부의 대통령으로 당선된 후에는 필라델피아에서 임시정부의 공식대표로서 서재필이 운영하던 한국통신부와 주파리위원부를 흡수하여 구미위원부로 개편하였다. 구미위원부는 유럽과 미국에서의 외교활동을 주관하였고, 영문월간지 『한국평론Korea Review』을 발행하는 등 한국이 처한 상황을 미국에 알리는 데 일정하게 기여하였다. 하지만 구미위원부는 태평양회의에 한국문제를 상정할 수 없었고 이승만의 개인기구로 활용되었다. 게다가 이승만은 대한인국민회에서 임시정부로 보내는 애국금을 전용하는 문제를 일으켰다.

사태가 이렇게 되자 임시정부는 1925년 임시대통령 이승만을 탄핵하면서 구미위원부를 폐지한다고 발표한 것이다. 국무총리 겸 임시대통령 대리 박은식의 이름으로 발표된 '구미위원부 폐지에 관한 건'에 따르면 구미위원부 설립이 합법적 절차를 거쳐 성립된 것이 아니므로 절차상 문제가 있어 폐지한다고 하였다. 임시정부는 이승만에게 구미위원부를 중심으로 추진해왔던 외교 사무는 외교위원을 파견하여 대신하기로 하고, 재정업무는 대한인국민회와 하와이 교민단에게 넘기라고 지시하였다. 하지만 이승만은 이 지시를 따르지 않고 구미위원부를 1928년까지 지속시키면서 미주 동포들에게 받은 애국금과 각종 성금을 관리하였다.

이승만이 탄핵을 당하고 자신이 그 자리를 대신하게 되자 박은식으로서는 난감한 상황이 되었다. 그간의 사정이야 어찌 되었건 이승만이 탄핵당한 그 자리에 선임되었다는 것은 부담스러운 일이었다. 우선 급한 대로 그는 이 사실을 이승만에게 전보로 알렸다. 그런 뒤 다시 4월 1일자로 보다 자세한 상황과 자신의 현재 심정 그리고 앞으로의 처신에 대하여 이승만에게 편지를 보냈다. 이승만은 미국의 명문대학인 프린스턴 대학에서 국제정치학 박사학위를 받은 자타가 인정하는 국제적인 엘리트였다. 반면에 박은식은 자신을 한문이나 공부하고 서양문물을 소개하는 책 몇 권 읽은 사람으로 생각하고 스스로 이승만과 자신은 비교가 안 된다고 여겼다. 박은식은 이승만보다 나이가 16살이나 많았지만 깍듯한 존칭과 최상의 예우를 갖춰 편지를 썼다.

제가 이미 태좌台座(예전에 삼공을 가리키는 말로 재상을 뜻하며, 여기서는 이승만을 가리킴)가 의정원에서 탄핵을 받으셨다는 사실을 전보로 알려 드렸습니다. 선생의 높으신 인격으로는 이런 것들을 마음에 담아 두시지 않을지 모르겠습니다만 저는 몹시 불안하여 몸 둘 바를 모르겠습니다. 저는 한갓 보잘것없는 유생일 뿐입니다. 성격도 영리를 탐하는 마음이 없고 소박해서 다른 사람과 다툴 줄도 모르는데 정계에서 벌어지는 시비의 소용돌이에 휘말리니 고달프고 애절합니다. 하물며 저는 태좌를 돕고 협조할 마음인데 어찌 다른 뜻이 있겠습니까.

지금 이곳 정국의 변화는 태좌가 멀리 미국에 계셔서 직접 정무를 처리할 수 없는 데서 비롯된 듯합니다. 만일 태좌께서 직접 자주 상해 임시정부를 방문하시거나 혹은 사람을 파견하셔서 사정을 물으셨다면 이처럼 처참하고 비극적인 화는 없었을 것입니다. 어쩔 수 없이 많은 사람들의 뜻에 따라 이렇게 되었습니다. 저는 이 자리에 오래 있지 않을 것입니다. 길어야 몇 개월 지나면 이 구속에서 벗어나 분수에 맞게 처신할 것입니다. 손때 묻은 책을 들고 예전에 살던 곳으로 돌아가 은거할 수 있다면 본래 모습을 얻었다고 하겠습니다. 마땅히 찾아뵙고 말씀을 드려야 하지만 태평양을 건너기가 어려워 먼 하늘 끝에서 고개를 들고 쳐다볼 뿐입니다.

편지는 완곡하고 부드럽게 예의를 갖췄지만 해야 할 말은 다하였다. 박은식의 고매한 인품과 겸손한 몸가짐이 묻어나는 이 편지는 읽는 사람으로 하여금 저절로 고개가 숙여지게 만든다.

임시대통령으로 통합운동을 주도하다

박은식이 임시대통령이라는 자리에 욕심이 없었음은 당시 발행된 『독립신문』 기사에서도 확인된다.

> 이번에 신문이 발간되게 된 것은 임시정부의 현상이 대통령은 수만 리 밖에 유고 중이고 대통령 대리는 그 직을 버리려 하며, 일반 각료는 사퇴함으로써 무정부 상태가 되었다.

이처럼 박은식은 임시대통령직을 사직하려고 했었다. 그런데 무엇이 그로 하여금 임시정부 대통령직을 수락하게 하였을까? 이역만리 망명지 상하이에서 자금은 바닥이 났고 인물에 대한 평가는 무성한 상황이었다. 하지만 그 누구도 각료를 맡지 않아 무정부 상태가 되면 3·1운동의 정신을 바탕으로 6년간 버텨 온 대한민국임시정부가 어떻게 되겠는가. 아직 임시정부는 조국 강산의 한 조각 땅도 회복하지 못하였다. 3·1운동은 전국에서 모든 사람이 한마음으로 단결한 독립운동이었다. 훗날 죽어서 3·1운동에서 죽어간 동포들을 무슨 낯으로 볼 것인가. 박은식은 위대한 3·1운동의 정신을 계승한 임시정부 헌정이 중단되지 않을까 걱정하였던 것이다.

"지금 우리에게 가장 시급한 일은 분열된 마음을 하나로 합치고 단결하여 새로운 길을 찾는 것이다."

박은식은 이러한 생각으로 임시대통령직을 수락하였다. 박은식은 임

이상룡(임시정부 초대 국무령)

시대통령으로 취임한 뒤 개헌을 통해 임시정부를 집단 지도체제인 국무령제로 고쳤다. 그리고 박은식은 석주石洲 이상룡李相龍을 국무령으로 추대하고 자신의 소임을 다 하였다고 생각하고 사임하였다. 박은식은 임시대통령직을 사직하면서 임시정부에서 함께 일하였던 사람들에게 한 고별사에서 다음과 같은 말로써 그간의 심정을 고백하였다.

"내가 여러분과 더불어 정계에서 같이 일한 지 6~7개월이 지났는데 이제 고별하게 되어 한 마디 없을 수 없습니다. 구미위원부가 이승만의 특별기관이 되어 임시정부를 유지할 방법이 없어 무정부 상태에 빠지게 되었습니다. 만일 지금 정부가 중단된다면 우리 민족의 실망과 적의 비웃음, 세상 사람들의 냉정한 평가가 어떠하겠습니까. 국민 된 의무감이 조금이라도 있는 사람이라면 이런 일은 차마 할 수 없는 일입니다. 내가 집무를 한 6~7개월 동안 주변 모든 사람들이 잘 도와주었습니다. 그래서 법제 개정과 내정 정리와 외교 쇄신 그리고 오랫동안 누적되어왔던 여러 일들이 별다른 장애 없이 원만하게 진행되었고 지방의 분쟁도 휴식하여 원상을 회복하였습니다. 이제 내가 무심히 왔다가 무심히 떠나면서 훌륭한 분이 후임으로 내정되어 아름다운 모습을 보이게 되어 큰 다행으로 여겨집니다. 새로 국무령 후보가 되신 이상룡 씨는 오랜 세월 동안 만주에서 광복군을 위해서 헌신한 공이 많은 분으로 우리 정부를 유지할 능력이 있으신 분이고, 지방색과 당파색이 없는 분이

시니 일을 잘 해 나가실 겁니다. 여러분이 나를 도와준 것과 같은 마음으로 새로운 국무령을 도와주신다면 모든 일이 잘될 것이며 우리 민족의 앞날에 큰 행복이 있을 것입니다."

박은식은 자신이 마무리해야 할 많은 일들을 원만하게 처리하였다. 후임으로 당선된 석주 이상룡은 신망이 두텁고 식견이 넓어 모든 일을 잘 처리할 사람이었다. 이런 이를 임시대통령으로 모시게 된 것은 우리 민족에게 큰 행복이라고 여겼다. 그런 뒤 박은식은 가벼운 마음으로 대통령직을 떠났다.

12 별은 지고, 민족혼은 우리 가슴에 남아

이역만리에서 별은 지다

박은식은 상해임시정부 대통령직을 사임한 지 4개월이 채 안 된 1925년 11월 1일 오후 7시 30분경 67세를 일기로 세상을 떠났다. 7월부터 인후염으로 고생하다가 기관지염으로 전이되어 회복하지 못한 것이다. 지금까지 함께 독립투쟁 대열에서 고생하였던 동지들이 통곡하며 그의 마지막 가는 길을 지켜보았다. 동지들은 그토록 보고싶어 하던 조국의 독립을 끝내 보지 못한 채 이국땅 상해에서 떠나는 그의 죽음을 애도하고 안타까워하였다. 박은식은 곁을 지키던 안중근의 사촌 동생 안공근에게 다음과 같은 유언을 남겼다.

"나의 병세가 금일에 이르러 심상치 않게 생각되오. 내가 살아난다면 그만이지만 그렇지 못하다면 우리 동포에게 나의 몇 마디를 전하여 주오. 첫째, 독립운동을 하려면 전족적으로 통일을 힘쓰라. 둘째, 독립운동을 최고 운동으로 하여 독립운동을 위하여는 어떠한 수단 방략이라

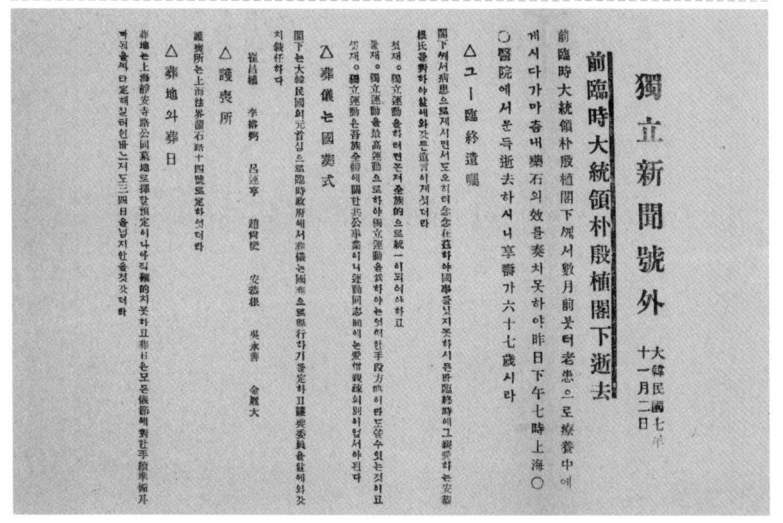

박은식의 서거 소식과 유언을 게재한 『독립신문』 호외(1925년 11월 2일)

도 쓸 수 있다는 것이오. 셋째, 독립운동은 우리 민족 전체에 관한 공공 사업이니 운동 동지 간에는 애증친소愛憎親疎(사랑하고 미워하며 친하고 친하지 않음)의 구별이 없어야 하오."

박은식은 이 세상을 떠나는 그 순간까지 조국의 독립만을 생각하였다. '독립을 달성하려면 모든 사람이 힘을 합쳐야 한다'는 말은 그가 대한제국 시기 애국계몽운동을 하면서 또 대동교 설립운동을 전개하면서 늘 외쳤던 말이다. 한 사람의 마음이 전일하게 통일되어도 못할 일이 없는데 모든 국민의 마음이 하나로 합쳐진다면 무슨 일이든 못할까. 우리는 이것을 3·1운동에서 이미 경험하였다. 3·1운동 덕분에 결국 우리 민족이 독립할 수 있었다. 세상 일 가운데는 그 결과가 금방 나타나는

박은식 서거 보도기사(『중화보』, 1925년 11월 4일)

일이 있고 한참을 기다려야 결과가 나오는 일이 있다. 3·1운동의 결과가 나오기까지 26년이라는 세월을 기다려야 하였다. 물론 그 사이에 끊임없는 여러 가지 독립투쟁이 있었고 그것들이 합산되어 광복이 이루어졌다. 3·1운동은 세계인의 이목을 집중시킨 거대한 사건이었다. 그 결과로 임시정부가 성립되었고 임시정부는 많은 어려움 속에도 해방을 맞는 그 순간까지 독립운동의 본산으로서 역할을 다하였다.

박은식은 오랫동안 유학을 공부해 온 유학자였다. 그런 그가 '독립운동을 위해서는 어떤 수단과 방법도 쓸 수 있다'고 한 말에는 어떻게 해서든 잃어버린 조국을 되찾아야 한다는 간절한 소망이 담겨 있다. 식민지 치하에서 고통받는 사람들은 전쟁 상황에 처한 것과 같다. 그러므로 독립운동은 조국을 되찾는 전쟁이며 전쟁 상황에서는 어떠한 방법도 가능한 것이다. 그럼에도 수많은 독립운동가는 일본의 법정에서 재판을 받았고 오랫동안 감옥에서 갖은 고생을 하였다.

끝으로 당부한 사항은 독립운동 계열의 화합이다. 임시정부 내부에서도 창조파와 개조파, 기호 지방과 서북 지방의 갈등이 심하였다. 박은식은 이 현장을 직접 보았기 때문에 지방색이야말로 망국적인 요소라고 생각하였다. 그는 이러한 병폐가 나타나서는 안 되며 그런 모습이 재현되어서는 독립운동의 미래가 없다고 하였다.

세상에 태어난 모든 사람은 본인의 의지와 상관없이 반드시 죽는다. 대부분은 언제 죽음이 찾아올지 모르는 채 그 순간을 맞이한다. 중요한 것은 죽고 난 다음 내려지는 고인에 대한 평가이다. 어떤 이가 세상을 떠나면 모든 사람이 슬퍼하면서 애도의 정을 표하지만, 또 다른 어떤 이의 죽음에는 냉담한 반응을 보이기도 한다. 많은 사람에게 도움을 주고 귀감이 되었던 이의 죽음은 더 슬프고 안타깝다. 박은식의 죽음이 그러하였다. 우리는 어둠 속에서 가야 할 길을 가르쳐 주던 큰 별을 잃은 것이다.

박은식의 장례식은 11월 4일 임시정부 최초의 국장으로 거행되었다. 많은 독립운동가가 오열하는 가운데 국장은 엄숙하게 거행되었다. 그는 상하이 정안사로靜安寺路 600번지 있는 공동묘지에 안장되었다. 박은식의 국장 사실은 『독립신문』・『중화보中華報』・『상해화보上海畵報』 등에 크게 보도되있다. 이상재李商在・유진태兪鎭泰・김성수金性洙・신석우申錫雨・권동진權東鎭 등 후학들은 '고故 박은식 추도발기회'를 만들었다.

박은식의 묘 (국립묘지)

국내에서는 『동아일보』에서 「곡백암박부자哭白庵朴夫子」라는 사설을 실어 그의 죽음을 애도하였다. 임시정부는 『백암집白巖集』을 편찬하기로 하고 최창식崔昌植에게 실무를 맡겼다. 박은식이 사망한 이후 임시정부는 항저우杭州·쩐장鎭江·창사長沙·난징南京·광저우廣州·루저우柳州·치쟝綦江·중칭重慶 등으로 옮겨 다니면서 고난의 행보를 계속하였다. 1945년 마침내 꿈에 그리던 광복을 맞이하게 되었다.

계승해야 할 불멸의 민족혼

해방 이후 1960년 대한민국 정부에서는 박은식에게 대한민국건국공로훈장 복장復章을 추서하였다. 1975년 단국대학교 동양학연구소는 그의 유고를 모아 『박은식전집』 전3권을 발행하여 박은식 연구에 활기를 불어넣었다. 대한민국 정부는 순국 후 68년 만인 1993년 상해 만국공원에 묻혀있던 유해를 서울시 동작구 동작동 국립묘지에 국민장으로 이장하였다. 1994년 8월 12일에 한국민족운동사학회가 주최하는 '박은식의 달' 기념학술대회가 한국프레스센터에서 개최되었다. 1999년 4월에는 국가보훈처·독립기념관·광복회가 공동으로 박은식을 '이달의 독립운동가'로 선정하였다.

　2002년 5월 백암 박은식선생전집편찬위원회는 순국 77주년 기념 『백암박은식전집』 전6권을 간행하였다. 또 2005년 1월 24일 서울 종로구에서 『백암박은식전집』의 편찬에 참여하였던 편찬위원과 창립위원들이 모여 백암학회를 창립하였다. 또 2005년 10월 27일 서울 역사박물관에서 백암 박은식 선생 서거 80주년을 추념하며 백암학회 창립 이래 축적된 백암에 대한 연구업적을 중심으로 학술대회가 개최되었다. 학술대회의 제목은 '백암 박은식 유업의 현대적 계승과 현대적 의의'였다. 이때 발표된 논문을 수정·보완하여 2006년 1월 24일에는 『백암학보』 창간호가 발간되었다. 그해 11월 1일 서울 효창공원 백범기념관에서 백암 박은식 선생 서거 81주년 추모 「백암 박은식의 사학과 조국독립운동」이라는 학술대회가 개최되었는데, 이 학술대회는 국가보훈처·광복회·독립기념관·한국근현대사학회·한국민족운동사학회가 후원하였다. 여기에 그치지 않고 2007년 1월 24일에는 백암학회 창간 제2주년을 맞아 2006년 11월 1일 개최한 '백암 박은식의 사학과 조국독립운동' 학술회의에서 발표된 논문을 중심으로 『백암학보』 제2집이 발간되었다. 이처럼 박은식에 관한 활발한 연구활동이 지속해서 이루어지고 있다.

　총칼의 위협은 일시적으로 눈과 귀를 가리고 입을 막을 수 있다. 그러나 밤이 길더라도 반드시 새벽은 오고야 만다. 1919년 3월 1일 일제의 삼엄한 총칼 앞에 200만 명이 넘는 사람이 만세 시위에 참가하였다. 그것도 맨손으로 태극기를 흔들면서……. 만세 시위는 전국으로 물결쳤다. 일본 군경이 쏜 총탄에 수많은 사람이 쓰러져 목숨을 잃었고, 모진 고문으로 실성하기도 했다. 이러한 독립운동가들의 희생이 모여 독립을 이루었다. 맨손의 인도주의적 저항이 총칼을 앞세운 탄압의 사슬을 끊고 승리하였다.

　박은식이 남긴 저술에 담긴 뜻은 단순한 과거의 아픈 기억이 아니다. 그 아픈 기억은 사라진 것이 아니고 오늘에 계승되었다. 그리고 우리가 새로운 모습으로 다시 태어나는 밑거름이 되었다. 약 90년 전, 그는 세상을 떠났지만 그가 우리에게 남긴 역사의 기록과 정신은 오늘 이 시대에 고전이 되었다. 고전은 오늘의 언어로 다시 쓰이기 때문에 새로운 모습으로 다시 태어난다. 박은식이 삭여내었던 시대의 아픔과 고통은 찬란한 빛이 되어 몇백 년 뒤를 살아갈 후손들의 가슴 속에 다시 살아날 것이다.

박은식의 삶과 자취

1859. 10. 25	황해도 황주군 남면 바닷가 마을에서 아버지 박용호와 어머니 노씨 사이에서 태어남. 본관은 밀양이며, 어렸을 때는 소종이라고도 불림. 자는 성칠이라 하고, 호는 백암 또는 겸곡이라 함. 나라가 망한 이후에는 인식·기정·승언 등의 이름을 쓰기도 함. 태백광노·무치생·백치·계림냉혈생 등 자학적인 호와 창해로방실이란 별호 사용
1868	10세에 이르러서야 부친이 운영하는 서당에서 글공부 시작. 시문에 능하고 자질이 뛰어나 2~3년 사이에 동네의 신동으로 소문남
1875	『제자백가』에 두루 통달하였으나 과거시험을 중심으로 공부한 한계를 깨닫고 도학·정치·문장학 등 다양한 분야의 학문을 섭렵. 신천군의 안중근의사의 부친 안태훈과 교류
1877	부친이 세상을 떠나 3년 상을 치름
1879	연안 차씨와 혼인하여 평남 삼등현으로 이사
1880	경기도 광주 두릉으로 가서 다산 정약용 선생의 제자인 신기영과 정관섭을 만나 고문학을 배우고 그의 저술을 섭렵
1882	서울로 상경하였으나 임오군란을 목격하고 시무책을 지어 정부에 제출하고자 하였으나 뜻을 이루지 못하고 고향으로 돌아옴. 평남 영변 산중에서 학문 연마
1884	관서 지방의 대학자 운암 박문일과 성암 박문오 형제에게 나

	아가 정주학을 배우고 고향으로 돌아와 학생을 가르침
1885	어머니의 권유로 향시를 봄. 관찰사 남정철이 재능을 알아보고 특선으로 선발
1888	민영준의 추천으로 숭인전 참봉에 제수
1892	민병석의 배려로 동명왕릉 참봉으로 승진
1894	동학농민전쟁이 발발하여 세상이 어지러워지자 강원도 원주군 주천에서 은거 생활
1898	서울로 상경하여 세계정세에 눈뜨고 애국계몽사상가가 되어 구국운동을 전개. 지리하고 번거로운 주자학의 세계에서 벗어나 간결하고 명료한 양명학을 탐구하면서 서구 근대문물을 수용. 9월에 장지연·유근·남궁억 등이 『대한황성신문』을 인수하여 『황성신문』으로 간행하자 장지연과 함께 주필로 참여. 김윤식·신기선 등과 함께 독립협회에 참여하여 문교 부문에서 활동
1900	경학원 강사로 초빙되어 곽종석과 함께 경학을 강의하고, 한성사범학교 교관으로 취임
1901	「흥학설興學說」(『겸곡문고謙谷文庫』)을 지어 학부에 교육개혁을 건의
1903	장남 시창 태어남
1904. 11	1900~1904년에 저술한 『학규신론』을 박문사에서 간행. 이 책은 교육과 종교에 관한 문제에 대하여 자신의 견해를 개진한 책으로 유교개혁과 의무교육·사범교육·여자교육·실업교육 등 신교육사상 수용의 필요성을 역설함. 이기·김택영이 서문을 쓰고 홍순오가 교정을 보았음
1905. 11	을사늑약이 체결되자 장지연이 『황성신문』에 논설 「시일야방성대곡」을 게재함. 이 사건으로 장지연이 구속되자 『대한매일

	신보』로 자리를 옮겨 구국운동을 위한 논설 집필
1906	신석하·김달하·김병도·김명준 등 재경 서북 지방 출신 사람들과 함께 서우학회를 조직하여 평의원이 됨. 회지『서우』와 『대한자강회월보』에 애국계몽사상을 고취하는 많은 논설을 게재
1907	중국인 정철관이 지은『서사건국지』를 번역하여『대한매일신보』에서 간행
8	대한제국 군대가 해산됨
1908	서우학회와 한북흥학회를 통합하여 서북학회를 창립하여 초대 회장이 됨. 동회의 회지『서북학회월보』주필이 됨. 거의 매호 논설을 발표하여 애국계몽운동을 주도. 특히 이듬해 3월에 발표한「유교구신론」은 오늘날 유교가 처한 현실을 진단하고 유교 근대화의 길을 제시하였다는 점에서 큰 의의가 있음. 이 논설에서 공자의 대동주의와 맹자의 백성이 가장 중요하다는 설과 아는 것을 실천하는 것이 중요하다는 양명학의 지행합일을 주장함으로써 실천적인 유교가 되어야 한다고 주장
1909	국권상실 이후 오성학교로 개명되는 서북협성학교 교장이 되어 구국운동에 앞장섬. 또한 민족고전의 보급이 시급함을 역설하고 최남선과 조선광문회를 조직하여『동국통감』등 17종의 고전을 간행
9. 11	장지연·원영의·이병소·조완구·신하균 등과 성균관 비천당에서 대동교를 창립
1910	지식의 실천을 중시하는 양명학에 심취하여『왕양명실기』를 저술하여 최남선이 발간하던『소년』제4권에 특집 형식으로 전재하고, 후에 단행본으로 간행

1910. 8. 29	한일강제병합조약이 체결되고, 조선총독부가 설치되어 모든 언론기관이 폐쇄됨. 박은식은 해외로 망명할 계획을 세움
1911. 4	부인 연안 차씨가 세상을 떠남
5	국경을 넘어 만주 서간도로 망명. 환인현 홍도구 윤세복의 집에 기거하면서 『천개소문전』·『명림답부전』·『발해태조건국지』·『몽배금태조』·『대동고대사론』·『단조사고』·『동명성왕실기』 등을 집필하여 고대사의 영웅들의 행적을 부각시킴. 이 책들은 대종교에서 운영하던 동창학교의 교재로 사용되어 학생들의 민족혼을 되살림. 이해 중국에서는 신해혁명이 일어남
1912. 3	만주를 떠나 베이징·톈진·상하이·난징·홍콩 등지를 돌면서 망명지사와 중국인 지사를 만나 독립운동 방략을 숙의. 베이징에서 조성환의 집에 머물다가 수색을 받았지만 변성명으로 겨우 방면됨
1912. 7	신규식·홍명희 등과 상해에서 동제사를 조직하여 총재로 추대됨. 이해 베이징에서 『안중근전』 저술
1913. 7. 6	신건식·이찬영·김용호·임상순 등과 함께 상하이로 가서 프랑스 조계에서 박달학원을 세움. 대종교 참교의 직을 받음
1914	홍콩에서 잡지 『향강』의 편집을 맡음. 『향강』 4호에 원세개의 전제정치를 비판하는 글을 실어 출판 금지를 당함. 다시 상하이로 돌아와 『안중근전』과 『한국통사』를 탈고
1915. 3	상하이에서 이상설·신규식·유동열 등과 함께 신한혁명당 조직. 박은식은 이 단체의 취지서와 규약을 지었으며 감독으로 추대. 그 후 신규식과 대동보국단을 조직하여 단장에 추대
6	상하이 대동편역국에서 『한국통사』를 출간
1917. 7	상하이에서 신규식·신채호·조소앙·박용만·윤세복·조성환

	등 14명과 「대동단결선언」의 서명자로 참여. 이 선언은 국내외 독립운동 단체들이 대동단결하여 임시정부를 수립해야 한다고 주장함
1918. 6	러시아 교민들의 요청으로 블라디보스토크로 감. 우수리스크 쌍성자에 머물며 한족중앙총회의 기관지 『한족공보』를 발간하였으나 곧 폐간됨
1919. 3. 17	대한국민의회가 주관한 그 지역 「독립선언서」 작성
3. 27	대한민국노인동맹단 가입
4	서울에서 발표된 한성임시정부 평정관에 선임
8. 29	국치일을 맞아 블라디보스토크 신한촌 한민학교에서 연설
9	상하이로 가서 대한민국임시정부에 참여하고 「대한민국임시정부성립축하문」 작성. 『한국독립운동지혈사』 저술
10	박환·박세충·김구 등 30명 명의로 한국독립과 임시정부를 지지한다는 「선언서」와 공약을 작성·발표하는데 참여
11. 22	회갑을 맞아 임시정부 동지들이 마련한 회갑연에서 『건국사』를 쓰고 죽겠다는 포부를 밝힘
1920	유신사에서 『한국독립운동지혈사』 발간. 대동단을 조직하고 이념과 강령으로 대동주의를 제시하고 재산평등론을 구상. 『신한청년』의 주간이 됨
12. 28	비밀리에 상하이로 건너온 이승만 임시정부 대통령을 환영. 환영식 환영사에서 이승만이 애국자로서 국사에 진력한 점을 찬양하고 임시정부의 모든 사람들이 이승만의 지도를 받아야 한다고 역설
1921. 2. 14	원세훈·김창숙 등과 베이징에서 「아(我) 동포에게 고함」이란 성명서를 발표하고 국민대표대회의 소집을 요구

1921. 8		상해임시정부 기관지 『독립신문』 주필에 취임
	10	『사민보』의 주필이 되어 항일언론을 주관
1923. 1		'국민대표회의 준비위원회' 명예회장으로 추대됨. 이 대회는 창조파와 개조파의 의견이 팽팽히 맞서 성과를 내지 못하고 폐회됨
	6. 7	새로운 임정기관 수립을 위해 창조파에서 단독으로 조직한 '국민위원회' 고문으로 추대되었으나 동조하지 않은 듯함
1924		『독립신문』 사장이 됨
	12. 11	대한민국임시정부 국무총리에 취임하고 임시대통령대리를 겸직
1925. 3. 16		오랫동안 연구해 오던 양명학의 '격물치지' 개념을 깨닫고 그 내용을 신문에 발표
	3. 23	임시의정원 회의에서 이승만의 대통령 탄핵안이 가결되고 임시정부 제2대 대통령에 선임되어 취임. 상하이 3·1당에서 순국열사에 대한 추도회를 개최하고 추도문 낭독
	4. 10	임시정부의 승인이 없이 이승만이 운영하던 '구미위원부' 폐지. 임시정부 헌법을 대통령 중심제에서 집단지도체제인 국무령제로 개정
	7. 7	개정된 헌법에 따라 국무령에 이상룡과 여타 국무위원을 선임. 고별사를 남기고 퇴임
	11. 1	오후 7시 30분 상하이에서 서거
	11. 4	임시정부 최초 국장으로 동지들의 오열 속에 상하이 정안사로 600번지 공동묘지에 영면
1962		대한민국 정부에서 대한민국건국공로훈장 복장(대통령장)을 추서. 장남 박시창에게는 단장 수여

1972	외솔회에서 『나라사랑』 제8집을 '백암 박은식선생특집호'로 간행
1975	단국대학교 동양학연구소에서 유고를 모아 『박은식전집』 전 3권 발행.
1. 1	진명여자고등학교 3·1당에서 백암 박은식선생 50주기 추도식 거행
1993. 8. 4	대한민국 정부에서 상해 만국공원에 안장되어 있던 유해를 서울 동작동 국립묘지에 국민장으로 이장
1994. 8. 12	'박은식의 달' 기념 학술대회를 한국프레스센터에서 개최
1999. 4.	국가보훈처와 독립기념관 및 광복회가 공동으로 주관하는 '이달의 독립운동가'에 박은식을 4월의 인물로 선정
2002. 5	백암박은식선생전집편찬위원회에서 순국 77주년기념 『백암박은식전집』 전6권 간행
1. 24	『백암박은식전집』 편찬위원과 창립위원들이 모여 박암학회를 창립. 백암 박은식선생 서거 80주년 추도식 및 '백암 박은식 유업의 현대적 의의' 주제의 학술대회 개최를 위해 4월 6일·5월 24일·9월 1일 운영위원회 개최
2006. 1. 24	백암학회에서 『백암학보』 창간호 발간
7. 5	사단법인 민족사연구원 김창묵 이사장의 지원으로 백암학회 사무실을 서울 영등포구 여의도동에서 서울 종로구 도렴동으로 이전
11. 1	서울 효창공원 백범기념관에서 백암 박은식 선생 서거 81주년 추모 '백암 박은식의 사학과 조국독립운동'이라는 주제의 학술대회를 국가보훈처·광복회·독립기념관·한국근현대사학회·한국민족운동사학회 후원으로 개최

2007. 1. 24		'백암 박은식의 사학과 조국독립운동' 주제 학술회의에서 발표된 논문을 중심으로 백암학회에서『백암학보』제2집 발간
	11. 1	백암 박은식 선생 서거 82주년 기념 '백암 박은식 선생의 민족과 사회 인식'이라는 주제의 학술회의를 한성대학교 디지털러닝센터에서 개최
2008. 10. 31		백암 박은식 선생 서거 83주년 기념 '백암 박은식의 문학과 철학 속의 사상'이라는 주제의 학술회의를 한성대학교 디지털러닝센터에서 개최
2009. 11. 6		백암 박은식 선생 서거 84주년 기념 '백암 박은식의 역사의식'이라는 주제의 학술회의를 이북 5도청 중강당에서 개최
2010. 11. 1		백암 박은식 선생 서거 85주년 기념 '사진으로 본 백암 박은식의 생애와 활동'이라는 주제의 학술회의를 한성대학교 창의관 소강당에서 개최
	11. 30	백암학회에서『백암학보』제3집을 발간

참고문헌

자료

- 백암박은식전집간행위원회, 『박은식전서』, 단국대 동양학연구소, 1975.
- 백암박은식전집간행위원회, 『백암박은식전집』, 동방미디어, 2002.
- 단재신채호전집간행위원회, 『단재신채호전집』, 한국독립운동사연구소, 2008.
- 김윤식, 『속음청사』, 국사편찬위원회, 1955.
- 송상도, 『기려수필』, 국사편찬위원회, 1955.
- 정교, 『대한계년사』, 국사편찬위원회, 1955.
- 『대한매일신보』, 『대한자강회월보』, 『독립신문(상해판)』, 『동아일보』, 『사민보』, 『서북학회월보』, 『서우』, 『황성신문』

단행본

- 강돈구, 『한국 근대종교와 민족주의』, 집문당, 1992.
- 금장태, 『한국 근대 유학사상』, 서울대출판부, 1990.
- 금장태, 『한국근대의 유학사상』증보판, 서울대출판부, 1999.
- 금장태, 『한국 현대의 유교문화』, 서울대출판부, 1999.
- 금장태, 『조선후기의 유학사상』, 서울대출판부, 1999.
- 김소진, 『한국독립선언서연구』, 국학자료원, 1999.
- 김태웅, 『한국통사』, 아카넷, 2012.
- 김효선, 『박은식의 교육사상과 민족주의』, 대왕사, 1984.
- 김희곤, 『대한민국임시정부-상해시기』Ⅰ, 한국독립운동사연구소, 2009.
- 노승윤, 『박은식의 민족교육사상』, 양서원, 1999.

- 단재신채호선생기념사업회, 『신채호의 사상과 독립운동』, 1987.
- 박걸순, 『식민지 시기의 역사학과 역사인식』, 경인문화사, 2004.
- 박노자, 『우승열패의 신화』, 한계레출판, 2007.
- 박찬승, 『한국 근대 정치사상사 연구』, 역사비평사, 1992.
- 서중석, 『한국 현대 민족운동 연구』, 역사비평사, 1991.
- 시마다겐지 지음, 김석근·이근우 옮김, 『주자학과 양명학』, 까치, 1986.
- 신용하, 『박은식의 사회사상연구』, 서울대학교출판부, 1998.
- 윤경로, 『한국근대사의 기독교사적 이해』, 역민사, 1997.
- 윤남한, 『조선시대 양명학 연구』, 집문당, 1986.
- 이만열, 『박은식』, 한길사, 1980.
- 이상익, 『서구의 충격과 근대 한국사상』, 한울, 1997.
- 장석흥, 『안중근의 생애와 구국운동』, 독립기념관 한국독립운동사연구소, 1992.
- 전복희, 『사회진화론과 국가사상』, 한울, 1996.
- 정인보 저, 홍원식·이상호 옮김, 『양명학 연론』, 한국국학진흥원, 2005.
- 조동걸, 『현대한국사학사』, 나남, 1998.
- 조동걸·한영우·박찬승 엮음, 『한국의 역사가와 역사학』, 창작과비평사, 2001.
- 조동걸, 『우사조동걸 저술전집』, 역사공간, 2010.
- 차기벽, 『민족주의 원론』, 한길사, 1990.
- 철학연구회, 『근대성과 한국문화의 정체성』, 철학과현실사, 2000.
- 村上重良, 『천황과 천황제』, 한원, 1989.
- 하가 토오루 지음, 손순옥 옮김, 『명치유신과 일본인』, 예하, 1989.
- 한국사연구회 편, 『한국사학사의 연구』, 을유문화사, 1986.

논문

- 김기승, 「백암 박은식의 사상적 변천과정 - 대동사상을 중심으로」, 『역사학보』 114, 역사학회, 1987.
- 김기승, 「박은식」, 『한국의 역사가와 역사학』, 창작과비평사, 2001.
- 김도형, 「1910년대 박은식의 사상변화와 역사인식」, 『동방학지』 114, 2001.
- 김동환, 「백암 박은식과 대종교」, 『백암학보』 1, 백암학회, 2006.
- 김삼웅, 「박은식의 언론투쟁과 언론사상」, 『백암학보』 1, 백암학회, 2006.
- 김순석, 「박은식의 대동교 설립운동」, 『국학연구』 4, 국학연구소, 2004.
- 김순석, 「박은식의 종교관」, 『한국민족운동사연구』 41, 한국민족운동사학회, 2004.
- 김순석, 「박은식의 사회진화론 인식과 실업교육론」, 『한국민족운동사연구』 48, 한국민족운동사학회, 2006.
- 나절로, 「백암 선생의 업적과 회고」, 『나라사랑』 2-3, 외솔회, 1972.
- 노관범, 「1875~1904년 박은식의 주자학 이해와 교육자강론」, 『한국사론』 43, 서울대 국사학과, 2000.
- 노관범, 「한국양명학사 연구의 반성적 고찰」, 『한국사상과 문화』 11, 한국사상문화학회, 2001.
- 노관범, 「대한제국기 박은식 저작목록 재검토」, 『한국문화』 30, 서울대 한국문화연구소, 2002.
- 노관범, 「대한제국기 박은식 자강론의 재검토」, 『백암학보』 1, 백암학회, 2006.
- 노대환, 「19세기 동도서기론 형성과정 연구」, 서울대 박사학위논문, 1999.
- 노승윤, 「백암 박은식의 교육사상」, 『교육논집』, 단봉 이승익 박사 회갑기념 논집 간행위원회, 1984.
- 노승윤, 「박은식의 구국사상에 입각한 교육관」, 『논문집』 8, 한양여자전문대학, 1985.
- 박걸순, 「박은식의 고대사 인식과 대동사관」, 『백암학보』 제1집, 백암학회,

- 박성수, 「박은식의 '혈사'에 나타난 3·1운동관」, 『윤병석교수화갑기념한국근대사논총』, 한국근대사논총간행위원회, 1990.
- 박정심, 『백암 박은식의 철학사상에 관한 연구』, 성균관대 박사학위논문, 2000.
- 배경한, 「중국망명시기 박은식의 언론활동과 중국인식」, 『동방학지』 121, 연세대학교 국학연구원, 2003.
- 신용하, 「박은식의 교육구국에 대하여」, 『한국학보』 창간호, 한국학연구원, 1975.
- 신용하, 「박은식의 역사관」, 『역사학보』 90·91, 1981.
- 신용하, 「백암 박은식의 고조선 역사관」, 『백암학보』 제1집, 백암학회, 2006.
- 신일철, 「박은식의 국혼으로서의 국사개념」, 『한국사상』 11, 1974.
- 양윤모, 「백암 박은식의 '사상변동'에 관한 일고찰」, 『한국독립운동사연구』 14, 2000.
- 연세대학교 국학연구원 편, 『서구문화의 수용과 근대개혁』, 태학사, 2004.
- 유준기, 「박은식의 생애와 사상」, 『백암학보』 1, 백암학회, 2006.
- 윤남한, 「박은식 선생의 유교사상 – 양명사상을 중심으로」, 『나라사랑』 2-3, 외솔회, 1972.
- 윤병석, 「박은식 선생의 생애 – 사상·학문·독립운동을 중심으로」, 『나라사랑』 2-3, 외솔회, 1972.
- 윤병희, 「백암 박은식의 역사의식」, 수촌박영석교수화갑기념 『한국사학논총』 하, 탐구당, 1992.
- 이만열, 「백암 박은식의 교육사상」, 『벽계 이인기 박사 고희논총』, 숙명여자대학교, 1975.
- 이만열, 「박은식의 사학사상」, 『숙대사론』 9, 1976.
- 최준, 「문필구국의 선봉장」, 『나라사랑』 2-3, 외솔회, 1972.

- 한시준, 「박은식과 대한민국임시정부」, 『백암학보』 1, 백암학회, 2006.
- 한영우, 「1910년대 민족주의 역사서술 – 이상룡·박은식·김교헌·단기고사를 중심으로」, 『한국문화』 1, 1981.
- 홍이섭, 「박은식, 『한국통사』와 『한국독립운동지혈사』」, 『한국사의 방법』, 탐구신서 35, 탐구당, 1968.
- 홍이섭, 「박은식 선생과 독립투쟁사 : 사학자로서의 백암 선생」, 『나라사랑』 2 – 3, 외솔회, 1972.

찾아보기

ㄱ

가와카미 토시히코 76
갑신정변 23, 101~103, 112
갑신혁당지란 23
갑오동학당의 대풍운 24
갑오동학의 난 112
강경신 147
강권주의 28, 71
강기호 131
강목체 72
강제병합 114, 121, 122, 131
강창제 147
개조시대 112
개조파 146, 157
개화파 25
『건국사』 113
겸곡 13
경무총감부 116
경쟁원리 27, 31
경학원 122
경학원 대제학 121
계림냉혈생 13
고구려 62, 63, 66, 96
고려사 90
고메이 천황 78

『고문진보』 42
고조선 66, 68, 71, 95
고종 122
고준택 147
공근 80, 82
공립학교 49
공법담판 69
「공부자탄신기념회강연」 54
공약삼장 116, 117
공예학교 49
『과수재배법』 48
곽래홍 92
곽헌 147
광둥 72
「광복」 73
광복군 73
광저우 14, 158
교수법 42
구로후네 14
구미위원부 148, 149
구식군인 19
국교 37, 104
국무령 152
국문 37, 104
국민대표회의 준비위원회 145
「국민대회취지서」 129

『국민보』 92
『국민신보』 120
국민의회 129
국백 104, 105
국사 37, 104, 106
국어 37, 104
국제연맹 110
국학 37, 104
국혼 37, 56, 104
군국주의 111
군대해산 75
권동진 157
권업동맹단 92
귀족원 15
금나라 68, 72
『금사』 89, 109
금태조 68~71
기정 13
길선주 115
김갑 147
김교헌 58
김구 113
김규식 129
김두성 77
김병식 92
김병조 115
김보현 19
김복한 80
김붕준 147
김성수 157
김용호 88
김윤식 54, 121

김진초 48
김현구 147
김홍서 110

ㄴ

나창헌 147
나철 58
난징 88, 158
남정철 21, 22
노백린 129, 147
노영렬 124
농공 40
능칭만한 65
닝푸 14

ㄷ

다나카 세이타로우 76
단군 60, 66, 71, 72, 95
단군대황조 85
단군왕검 59
단애 58
『단조사고』 60, 71
『대동고대사론』 60, 64, 65
대동교 53, 54
「대동단결선언」 109
대동민족 66, 71, 72, 96
대동보국단 89
대동사회 29, 33
『대동신문』 120
대동중학교 85

대동청년당 58
대동편역국 74, 89, 90
대동학회 51, 52
대원군 20
대조영 66
대종교 58~60, 73, 88
대한국민노인동맹단 110
대한국민의회 109
대한독립협회 132
『대한매일신보』 36, 41
「대한민국임시정부성립축하문」 110
『대한자강회월보』 28
데라우치 암살기도사건 107
도쿠가와 14
「독립선언서」 109, 116, 118
『독립신문』 73, 120, 151, 157
독립운동 57, 58
독립운동사 97
독립임시사무소 129
독립협회 26, 36
독일 40, 43, 99
독일사 90
동도서기파 25
『동명성왕실기』 60, 83
동명왕릉 22
「동양평화론」 79
동제사 88
동학농민군 103
동학농민전쟁 22, 23, 103, 112, 113
동화정책 118

ㄹ

량치차오 26, 31, 32
러시아 75~77, 89, 91, 99, 109, 129, 132, 145
러시아사 90
러일전쟁 79
레이디 퍼스트 45
루소 31, 70
루저우 158
린제리 72

ㅁ

마나베 주쵸 77
막부정권 14
만선사관 94
만주 32, 57, 59, 65, 66, 68, 73, 75, 80, 85, 91, 96, 105, 145, 152
메이지 천황 78
메이지유신 14, 15, 17
멕시코 105, 106
멕켄지 133
명근 82
명림답부 63, 64
『명림답부전』 60, 63, 64, 83
명성황후 시해사건 79
『명심보감』 42
모리 타이지로우 76
「몽배금태조」 32, 60, 68, 106
몽테스키외 31
무단통치 114
무치생 13, 68~71

묵자 70
문일민 147
문창범 129
물리 40
물질문명 50
뮈텔 주교 82
미국 40, 43, 99
미얀마사 90
미일화친조약 14
민겸호 19
민병석 22
민약론 26, 31, 70
민영준 22
민족대표 115, 116
민족문화 37
민족자결주의 112
민족정신 59, 60
민주공화제 110

ㅂ

박기정 60
박달학원 88
박문오 20
박문일 20
박백암유전 73
박세충 113
박영사 92
박영신서 92
박용만 92, 109, 129
『박은식전집』 158
박환 113

『반도목탁』 120
반도사편찬위원회 93
발칸반도 99
발해 65, 66, 72, 91, 96
『발해사』 89, 109
『발해태조건국지』 60, 66
배달겨레 72
백두산 68, 72, 85
『백암박은식전집』 159
『백암집』 158
105인 사건 107
백치 13
법률 15, 26, 39, 40
법률학교 49
법의 정신 31
베이징 13, 88, 89
베이징조약 14
변법자강운동 90
별기군 19
보성사 115
봉건왕조 102
부르주아혁명 102
부제학 122
북경조약 17
블라디보스토크 109, 129
비공론 70

ㅅ

사감 40
사관생도 19
『사민보』 73

사범교육 41
사범학교 42, 49
사서삼경 21
사천년 역사학교 85, 86
사회진화론 26~32, 54, 112
산업혁명 13
『삼국유사』 72
삼국통일 95, 96
삼세설 72
3·1운동 23, 80, 118, 137, 145
상업학교 49
상하이 14, 72, 88, 89
『상해화보』 157
생존경쟁 28
샤먼 14
서당교육 41
서양문명 50
서재필 132
「선언서」 113
「선포문」 129
선혜청 19
성균관 비천당 53
성리학 20
『성세소설영웅루』 89
성칠 13
세계평화주의 55
세린 57
『소학』 42
속성과 40
손병희 116
쇄국정책 97, 98
수구파 25

수성왕 64
숙신 72
스페인 106
스펜서 31
승언 13
식민사관 94
식산흥업 37
신건식 88
신공황후 95
신규식 88, 89, 109, 129
신기선 51
신기영 18
신대왕 64
신석우 157
신식군대 19
신채호 109, 146
신하균 53
『신한민보』 91
신한청년당 129
신한촌 109
신한혁명당 89
쑨원 131

ㅇ

아동교육 45
아마테라스 오미카미 14
아편전쟁 13, 14, 17
안공근 154
안명근 107
안병찬 80
안시성 62, 63

안중근 18, 74~77, 79, 80, 82, 127, 154
『안중근』 72
『안중근전』 74, 75, 89
안창호 129
안태훈 18, 74
안희제 58
애국계몽운동 136
『약기편람』 106, 107
약육강식 27~29, 111
양만춘 62, 63
양명학 34
양잠 40
양지 34
양쯔강 14
얼 37
엔푸 26
여성교육 44, 45
여순 77
여자교육 44
「여자보학원유지회취지서」 44
여진족 72
연안 차씨 18
연해주 129
영국 13, 40, 43, 99, 131
영국사 90
영류왕 62
영사재판권 14
영웅대망론 63
영웅사관 83
『예기』 29
「예운」 29
오스트리아사 90

오영선 147
오운 92
와이알루아 92
용호 12
우덕순 75
우라가 14
우승열패 27, 28
워싱턴 70
원영의 53
월남사 90
월연금 54
위정척사사상 24
위정척사파 24
윌슨 112, 132
유근 54
유동열 89, 129
유동하 75
유림계 51, 52
유신사 110
유여대 115
유진태 157
유태사 90
유태인 105, 106
유태족 106
유학지 47
윤세복 57, 58, 60, 73, 109
을사늑약 80
『음빙실문집』 31, 32
의무교육 41
의병 75, 77, 80, 113, 138
의병전쟁 24, 136
의병항쟁 113

의식혁명 50
의학교 49
이규홍 147
이근주 80
이동녕 129
이동휘 110, 129, 146
이범규 53
이병소 53
이상룡 152
이상설 89
이상재 157
이설 80
이순신 73, 96
『이순신전』 72, 73, 89
이승만 110, 129, 149
이승우 80
이시영 129
이완용 122
이용직 53, 121, 122
이유필 110, 147
이윤종 53
이장희 92
『이준전』 89, 109
이집트사 90
이찬영 88
이탈리아사 90
이토 히로부미 51, 52, 75, 77, 78, 82, 107, 127
인식 13
인천 만국공원 110
일본공사관 19
일본사 90
『일본서기』 95

일제침략사 97
일진회 54
임나일본부설 95
임득산 147
임상순 88
임시대통령 146, 147, 151
임시의정원 129
임시정부 73, 109, 110, 113, 127, 129, 130, 142, 145, 146, 148, 149, 151, 152, 156~158
임오군란 19
임한주 80
입헌군주국 15
입헌군주제 14

ㅈ

『자유를 위하여 싸우는 한국』 133
『자유신종』 120
자유주의 70
자주민권운동 26
장지연 53
적자생존 27, 111
전로한족중앙총회 109
정관섭 18
정근 80, 82
정신문화 50
정약용 18, 19
정이 20
정주학 20
정체성후진론 94
정춘수 115
정한론 15

정호 20
제국의회 15
제국주의 27, 55, 70
제국헌법 15
제자백가 18, 21
조도선 75
조상섭 147
조상숭배 15
조선민족 71
『조선사』 93, 94
조선사편수회 93
조선총독부 93
조성환 88, 109
조소앙 109
조완구 53
조의두대선사 63
주자학 29
주파리위원부 148
중의원 15
중추원 121, 122
중칭 158
중화민국 131
『중화보』 157
지구구형론 31
지지 40
진무덴노 14
진화론 70
집정관총재 110, 148
쩐쟝 158

ㅊ

차씨 57
창사 158
창조파 146, 157
창해로방실 13, 74
채가구 75
채원개 147
천개소문 60, 62, 63, 84
『천개소문전』 60, 83
천부 59
천부인 59
천부인권설 46
천손 59
천신 59
천연론 26
『천자문』 42
천주교도 98
천황 15, 77
천황 77
철갑선 73
청동거울 59
청동검 59
청동방울 59
청일전쟁 78
총독부 122
최린 116
최석순 147
치쟝 158

ㅋ

캉유웨이 90

클레로 31

ㅌ

타율성론 94
『타임스』 133
탑골공원 115, 119
탕사오이 131
태백광노 13, 89
태조왕 64
텐진 88
토지조사사업 114
『통감』 42
통사 90, 91, 97

ㅍ

파리강화회의 129
파리인권회의 133
파리평화회의 131
펑티엔 88
페리 14
평등주의 28, 33, 71
평화재판 69
평화주의 28, 71
포도청 19
폴란드사 90
푸저우 14
프랑스 40, 43, 47, 88, 99, 131, 133
프랑스 조계 110
프랑스사 90
필라델피아 132

ㅎ

하버드 대학 49
하얼빈 75, 77
학부대신 122
『한국독립운동지혈사』 23, 24, 89, 104, 110~113, 118, 121~124, 130, 134~138, 140~144
한국인친우회 133
한국통사 141
『한국통사, 한국의 원통한 역사』 92
『한국통사』 23, 24, 72, 89, 90, 92, 93, 95, 97, 100, 104~108, 110~113, 135~138, 142, 144
한국통신부 148
『한국평론』 148
『한말비록』 106, 107
한반도 66
한사군 66
한성임시정부 110, 129, 148
한용운 116
한인촌 109
『한일관계사료집』 110, 142
『한족공보』 109
한족중앙총회 109, 129
항저우 158
향강 89
향시 22
헤이그특사사건 122
『혁신공보』 120
호놀룰루 92
호조판서 19
혼백 105

홍명희 88
홍신부 82
홍콩 13
홍콩 13, 88, 89
환검 59
환웅 59, 72

환인 59, 72
환인현 57, 60
『황성신문』 41
훈련도감 19
흥도구 57, 60
흥선대원군 98

불멸의 민족혼 되살려 낸 역사가 박은식

1판 1쇄 인쇄 2013년 1월 20일
1판 1쇄 발행 2013년 1월 30일

글쓴이   김순석
기 획   독립기념관 한국독립운동사연구소
펴낸이   김능진
펴낸곳   역사공간
          서울시 마포구 서교동 463-31 플러스빌딩 3층
          전화 : 02-725-8806~7, 팩스 : 02-725-8801
등록   2003년 7월 22일 제6-510호
ISBN 978-89-98205-09-6 03900

*잘못된 책은 바꿔 드립니다.

역사공간이 펴내는 '한국의 독립운동가들'

독립기념관은 독립운동사 대중화를 위해 향후 10년간 100명의 독립운동가를 선정하여,
그들의 삶과 자취를 조명하는 열전을 기획하고 있다.

001 근대화의 선구자 - 최광옥의 삶과 위대한 유산
002 대한제국군에서 한국광복군까지 - 황학수의 독립운동
003 대륙에 남긴 꿈 - 김원봉의 항일역정과 삶
004 중도의 길을 걸은 신민족주의자 - 안재홍의 생각과 삶
005 서간도 독립군의 개척자 - 이상룡의 독립정신
006 고종 황제의 마지막 특사 - 이준의 구국운동
007 민중과 함께 한 조선의 간디 - 조만식의 민족운동
008 봉오동·청산리 전투의 영웅 - 홍범도의 독립전쟁
009 유림 의병의 선도자 - 유인석
010 시베리아 한인민족운동의 대부 - 최재형
011 기독교 민족운동의 영원한 지도자 - 이승훈
012 자유를 위해 투쟁한 아나키스트 - 이회영
013 간도 민족독립운동의 지도자 - 김약연
014 대한민국 임시정부의 민족혁명가 - 윤기섭
015 서북을 호령한 여성독립운동가 - 조신성
016 독립운동 자금의 젖줄 - 안희제
017 3·1운동의 얼 - 유관순
018 대한민국임시정부의 안살림꾼 - 정정화
019 노구를 민족제단에 바친 의열투쟁가 - 강우규
020 미 대륙의 항일무장투쟁론자 - 박용만
021 영원한 대한민국임시정부의 요인 - 김철
022 혁신유림계의 독립운동을 주도한 선구자 - 김창숙
023 시대를 앞서간 민족혁명의 선각자 - 신규식
024 대한민국을 세운 독립운동가 - 이승만
025 한국광복군 총사령 - 지청천
026 독립협회를 창설한 개화·개혁의 선구자 - 서재필
027 만주 항일무장투쟁의 신화 - 김좌진
028 일왕을 겨눈 독립투사 - 이봉창
029 만주지역 통합운동의 주역 - 김동삼
030 소년운동을 민족운동으로 승화시킨 - 방정환
031 의열투쟁의 선구자 - 전명운
032 대종교와 대한민국임시정부 - 조완구
033 재미한인 독립운동의 표상 - 김호
034 천도교에서 민족지도자의 길을 간 - 손병희
035 계몽운동에서 무장투쟁까지의 선도자 - 양기탁
036 무궁화 사랑으로 삼천리를 수놓은 - 남궁억
037 대한 선비의 표상 - 최익현
038 희고 흰 저 천 길 물 속에 - 김도현
039 불멸의 민족혼 되살려 낸 역사가 - 박은식